沙盘模拟系列教材

浙江省普通高校"十三五"新形态教材

U0647872

ERP沙盘模拟实训教程

ERP SHAPAN MONI SHIXUN JIAOCHENG

蒋定福　刘　蕾　◎主编

ZHEJIANG UNIVERSITY PRESS

浙江大学出版社

图书在版编目(CIP)数据

ERP沙盘模拟实训教程 / 蒋定福,刘蕾主编. —杭
州：浙江大学出版社,2021.11(2024.1重印)
ISBN 978-7-308-21764-4

Ⅰ.①E… Ⅱ.①蒋… ②刘… Ⅲ.①企业管理—计算
机管理系统—高等学校—教材 Ⅳ.①F272.7

中国版本图书馆 CIP 数据核字(2021)第 187583 号

ERP 沙盘模拟实训教程

蒋定福　刘　蕾　主编

责任编辑	汪荣丽
责任校对	马海城
封面设计	春天书装
出版发行	浙江大学出版社
	(杭州市天目山路 148 号　邮政编码 310007)
	(网址：http://www.zjupress.com)
排　版	杭州星云光电图文制作有限公司
印　刷	广东虎彩云印刷有限公司绍兴分公司
开　本	787mm×1092mm　1/16
印　张	11.5
字　数	265 千
版印次	2021 年 11 月第 1 版　2024 年 1 月第 2 次印刷
书　号	ISBN 978-7-308-21764-4
定　价	35.00 元

序

改革开放以来,虽然高等教育得到了快速发展,高校实践育人工作得到进一步重视,内容不断丰富,形式不断拓展,取得了较大的成绩,积累了宝贵的经验,但是实践育人特别是实践教学依然是高校人才培养中的薄弱环节,与培养拔尖创新型人才的要求还有差距。《加快推进教育现代化实施方案(2018—2022年)》《教育部等部门关于进一步加强高校实践育人工作的若干意见》强调,要创新人才培养模式,强化实践教学环节。为此,各高校积极探索各种实践教学的方式、方法,其中,沙盘模拟是近几年经济管理类专业实践教学非常流行的方式之一。本系列教材编写组成员长期处在高校实践教学一线,他们对实践教学特别是经济管理类专业的实践教学进行了大量的探索及创新。

沙盘模拟实训作为一种教学方法,是指在教师指导下,学生模拟扮演在企业中的某一角色,结合岗位对员工的技能要求进行有针对性的训练。这在很大程度上弥补了客观条件的不足,为学生提供近乎真实的训练环境,从而有效地进行技能训练和调动学生学习的积极性,使学生主动地参与教学过程,加强师生之间、学生之间的相互合作与交流。

沙盘模拟实训的意义在于创建一种和谐的、身临其境的教学环境,拓宽教学渠道,增强教学的互动性,架构起理论与实际相结合的桥梁。一般院校由于设备、场地、资金等条件的限制,学生很少能到实际工作岗位上实习,因此削弱了学生技能训练这一重要的教学环节。沙盘模拟实训改变了各专业的实训方式,更符合高校学生实训教学实际。本系列教材包括《ERP沙盘模拟实训教程》《市场营销运营沙盘模拟实训教程》《人力资源管理沙盘模拟实训教程》《国际经济与贸易沙盘模拟实训教程》《客户关系管理沙盘模拟实训教程》等。

本系列教材具有以下几个特点:

(1)知识性

本系列教材仿真模拟各个专业的专业知识,如《ERP沙盘模拟实训教程》就涉及整体战略、产品研发、设备投资改造、生产能力规划与排程、物料需求计划、资金需求规划、市场与销售、财务经济指标分析、团队沟通与建设等多个方面。它还融角色扮演、案例分析和专家诊断于一体,让学生在分析市场、制定战略、组织生产、整体营销和财务结算等一系列活动中体会企业经营运作的全过程,认识到企业资源的有限性,从而深刻理解ERP的管理思想及专业知识,领悟科学的管理规律,提升管理能力。

(2)直观性

本系列教材基于仿真模拟的理念,大都具有相关实物教具,通过实物教具剥开经营理念的复杂外表,深入探究经营本质。如 ERP 沙盘模拟将企业结构和管理的操作全部在模拟沙盘上展示,将复杂、抽象的 ERP 管理理论以最直观的方式让学生体验、学习。完整生动的视觉感受将极为有效地激发学生的学习兴趣,增强学生的学习动力。

（3）趣味性

本系列教材通过各组相互竞争的理念设计,让参与者在各个环节都力求获得较大的竞争优势并最终获得胜利,增强了学习的趣味性。而且,沙盘模拟课程采用各种仿真教具让参与者如参与游戏般去体验专业课程的学习。学习过程中可以激发参与者的竞争力,增加参与者的娱乐性,使枯燥无味的课程变得生动有趣。

（4）仿真性

本系列教材均采取分组模拟对抗,把参加学习的学生分成若干组,即若干个相互竞争的模拟企业,每组 3~5 人,代表着不同的虚拟企业。在整个学习过程中,每个小组的成员将分别扮演企业中的重要职位,如总经理、财务总监、营销总监、生产总监等。每组在统一的市场模拟环境下经营一家企业,连续从事 5~6 个会计年度的经营活动。在激烈的竞争环境下,选择不同的产品策略、市场策略、价格策略等一系列策略,保持企业不断发展并经营成功。

总之,本系列教材是对高等院校实践教学,特别是经济管理类专业的实验实训教学的一种探索,同时也是对高等院校经济管理类专业实践教学的一种创新。本系列教材凝聚了众多长期在经济管理类专业实践教学一线工作的老师的经验和智慧。感谢嘉兴学院经济管理国家级实验教学示范中心、浙江精创教育科技有限公司（www.jcjyet.com）等为此系列教材出版所做的贡献。

编写组

2021 年 9 月

前　言

党的二十大报告强调,要"弘扬伟大建党精神,自信自强、守正创新、踔厉奋发、勇毅前行,为全面建设社会主义现代化国家、全面推进中华民族伟大复兴而团结奋斗",将"实施科教兴国战略,强化现代化建设人才支撑"列为专章进行整体论述、作出整体部署,统筹教育、科技、人才三方面工作。本书全面贯彻党的二十大精神,深刻领悟既要坚持自信自立,也要发扬斗争精神,敢于面对任何风险挑战;既要埋头苦干、担当作为,也要保持昂扬向上的精神。

《ERP沙盘模拟实训教程》获浙江省普通高校"十三五"新形态教材项目立项,反映了最新的现代教育思想及实验教学理念,融入了近年来企业经营沙盘模拟的新发展、新应用及编者多年的教学经验。书中以二维码为载体,融入视频、音频以及在线精品课程(www.zjooc.cn)、在线模拟软件等教学资源,成为线上线下相结合的新形态教材。ERP沙盘模拟课程模拟真实企业的生产经营活动,把企业运营的关键环节——战略规划、资金筹集、市场营销、产品研发、生产组织、物资采购、设备投资与改造、会计核算与财务管理等作为该实训课程的主体内容,把企业运营所处的内外部环境抽象为一系列的规则,由学生组成若干个相互竞争的管理团队,扮演不同的角色,共同面对变化的市场竞争环境,参与企业模拟运营的全过程。ERP沙盘模拟实训教学独树一帜,逼真、全面地展现了企业的经营流程和管理理念,具备高度的趣味性和竞争性,极大地激发了学生的学习兴趣。课程不仅能让学生全面学习和掌握经济管理知识,还可以充分调动学生学习的主动性,同时,让学生身临其境,真正感受一个企业经营者直面市场竞争的精彩与残酷,并由此综合提高学生经营管理素质与实践操作能力。

本书由嘉兴学院蒋定福教授及嘉兴南湖学院刘蕾副教授共同编写,全书共八章,第一章对ERP的概念、ERP沙盘模拟课程、ERP沙盘模拟企业及系统进行了概述,第二章对团队组建、领会规则、运营规律、模拟流程及教学安排进行了介绍,第三至第五章对ERP沙盘模拟运营规则、软件使用进行了详细阐述,第六、第七章主要介绍经营战略及技巧、经营财务分析,第八章通过实际经营数据来剖析ERP沙盘模拟实战。

本书可作为高校ERP沙盘实训教材,也可作为相关培训人员及参赛选手的参考书。如果在使用此书的过程中有问题,或者对企业经营沙盘模拟系统有任何意见,则可联系主编,邮箱是31703369@qq.com。本书在编写过程中得到了嘉兴学院经济管理国家级实验教学示范中心及浙江精创教育科技有限公司(www.jcjyet.com)的很多内部资料，获得了浙江大学出版社编校人员的大力支持。李敏、冯冰芳、廖明洪、陶雨婷、洪语昕等人为本书得以出版提供了无私的帮助和支持，在此致以诚挚的谢意。本书在编写过程中还参考和借鉴了国内外专家、学者、企业家和研究机构的著作、期刊及相关网站资料，在此一并表示诚挚的谢意！由于时间仓促，加之编者水平有限，书中难免存在不足之处，恳请各位专家、读者批评指正。

编　者

2024 年 1 月

目　录

第1章 ERP 沙盘模拟概述

1.1 ERP 简介 >>>

1.1.1 ERP 的概念

企业资源计划(enterprise resources planning,ERP)系统,是指建立在信息技术基础上,以系统化的管理思想为企业决策层及员工提供决策和运行手段的管理平台。ERP 系统集信息技术与先进管理思想于一身,成为现代企业的重要管理工具,也是企业在信息时代生存、发展的基石。

关于 ERP 的定义,可以从管理思想、管理软件、管理系统三个层次给出,如图 1-1 所示。从管理思想的角度看,ERP 是由美国著名的计算机技术咨询和评估集团公司(Gartner Group)提出的一整套企业管理系统体系标准,其实质是在制造资源计划(manufacturing resources planning,MRP II)基础上进一步发展而成的面向供应链的管理思想;从管理软件的角度看,ERP 是综合应用了客户机/服务器体系、关系数据库结构、面向对象技术、图形用户界面(graphical user interface,GUI)、第四代语言(4GL)、网络通信等信息产业成果,以ERP 管理思想为灵魂的软件产品;从管理系统的角度看,ERP 是整合了企业管理理念、业务流程、基础数据、人力物力、计算机硬件和软件于一体的企业资源管理系统。

图 1-1 ERP 的定义

1.1.2　ERP 的产生

ERP 是由美国企业 Gartner Group 在 20 世纪 90 年代初提出来的。1990 年 4 月 12 日，Gartner Group 发表了以"ERP：下一代 MRP II 的远景设想"为题的研究报告，第一次提出了 ERP 的概念。这份研究报告虽然只有 2 页，却有着前瞻性的精辟设想。

Gartner Group 在这份报告中提到了两个集成——内部集成和外部集成，其既是 ERP 的核心，也是实现"管理整个供需链"的必要条件。

（1）内部集成——实现产品研发、核心业务和数据采集三方面的集成。

（2）外部集成——实现企业与供需链上所有合作伙伴的集成。

之后，Gartner Group 又陆续发表了一系列的分析和研究报告。例如，《ERP 的功能性》《实现 MRP II 到 ERP 的跨越》以及多次对各软件商 ERP 产品的技术与功能的分析评价报告等。值得注意的是，所有这些研究报告都归于计算机集成制造（computer integrated manufacturing，CIM）类别中，说明 ERP 本来就是一种用于制造业的信息化管理系统。

1993 年，ERP 的概念已经比较成熟并变得更为现实。Gartner Group 以"ERP：远景设想的定量化"为题的会议报告，用 26 页的篇幅讨论了 5 个重点问题，即：

（1）是什么促使了 ERP 的发展？

（2）如何区别 ERP 与 MRP II？

（3）计算机技术对 ERP 的作用是什么？

（4）ERP 具有哪些功能？

（5）用户应如何采用 ERP？

报告详尽地阐述了 ERP 的理念和对 1993 年以后的三五年内其可能实现的估计（用概率百分数表示），深刻阐明了 ERP 的实质和定义。

拓展阅读 ERP 的发展历程

综合以上一些早期文献的精神，Gartner Group 最初对 ERP 的定义可以简明表达为：ERP 是 MRP II 的下一代，它的内涵主要是"打破企业的四壁，把信息集成的范围扩大到企业的上下游，管理整个供需链，实现供需链制造"。换句话说：ERP 是一种企业内部所有业务部门之间，以及企业同外部合作伙伴之间交换和分享信息的系统；是集成供需链管理的工具、技术和应用系统；是管理决策和供需链流程优化不可缺少的手段；是实现竞争优势的同义语。

1.1.3　ERP 的深远影响

1990 年，Gartner Group 的研究报告列出了"技术环境核对表"和"功能核对表"。技术环境核对表所列的图形用户界面、关系数据库、第 4 代语言、客户机/服务器体系等技术，虽早已不"新"，但功能核对表的内容至今仍有其重要意义。当前名目繁多的信息化系统可以说都是为了实现表中功能的要求而陆续开发出来的。功能核对表的第一条要求便是 ERP 系统要能适应离散、流程和分销配送不同的类型，也就是说囊括了各种类型的制造业；接下来提出了 ERP 要能采用图解方法处理和分析各种经营生产问题,就是说,ERP 不再是简单的事务处理系统,而是要突出整体决策分析的功能。在这个设想指导下,陆续出现了数据仓库(data warehouse,DW)、数据挖掘技术(data mining,DM)和在线分析处理(on-line analytical processing,OLAP)以及商业智能(business intelligence, BI)等应用系统。

1990 年,内部集成提到 3 个方面:产品研发的集成、核心业务的信息集成和数据采集的集成。外部集成的内容仅仅提到电子数据交换(electronic data interchange,EDI)。

在产品研发的集成方面,在成组技术(group technology,GT)、计算机辅助设计(computer added design,CAD)和计算机辅助工艺设计(computer added process planning,CAPP)的基础上,陆续出现了产品数据管理(product data management,PDM)、产品生命周期管理(product lifecycle management,PLM)以及电子商务支持下的协同产品商务(collaborative product commerce,CPC)。

在核心业务的信息集成方面,在 MRP II 的基础上发展了制造执行系统(manufacturing execution system,MES)、人力资源管理(human resource,HR)、企业资产管理(enterprise asset management,EAM)以及办公自动化(office automation,OA)等。

在数据采集的集成方面,除了质量管理的统计过程控制(statistical process control,SPC)和结合流程控制的分布式控制系统(distributed control system,DCS)外,在条形码基础上发展了射频技术(radio frequency,RF)。

在外部集成方面,开发了客户关系管理(customer relationship management,CRM)、供应链管理(supply chain management,SCM)、供应商关系管理(supplier relationship management,SRM)、供应链事件管理(supply chain event management,SCEM)以及仓库管理系统(warehouse management system,WMS)等。

Gartner Group 对 ERP 的远景设想具有相当大的前瞻性。20 世纪 90 年代初,互联网还处在萌芽期,直到 1993 年还被叫作"信息高速公路"。限于当时的技术条件和软件供应商的开发实力,没有哪一家软件企业能够单独完成 Gartner Group 最初提出的全部宏伟远景设想。新开发的系统都是由不同的厂商分别完成的。不同厂商的产品要集成,又出现了企业应用系统集成(enterprise application integration,EAI)和中间件技术。

这些后来分别开发的应用系统,都没有跳出 Gartner Group 最初定义的设想,说明 ERP 原始定义的内涵是十分广泛的,有着深远的意义。

20 世纪 90 年代,一些 MRP II 软件供应商在增加了 Gartner Group 最初提出的一些外扩功能、采纳了其最初对 ERP 提出的技术要求等当时算是领先的技术或解决了跨世纪的千年虫问题(Y2K)之后,为了适应时代潮流和商业目的需要,就把已有的 MRP II 产品易名为 ERP。这种易名实质上没有也不可能实现 Gartner Group 对 ERP 系统的基本定义和设想——"管理整个供需链";软件的基本内容还是停留在原有 MRP II 的水平上。然而,这个"易名潮"却模糊了 MRP II 同 ERP 的界限,使得一些从来没有接触过成熟 MRP II 产品的人,自然而然地把从 MRP II 易名而来的 ERP 看成"面向企业内部管理"的系统。现在,

"ERP 是面向企业内部的管理系统"这样的认识,在国内外似乎已经成为一种"定论",于是,到了 2000 年,Gartner Group 只好再提出一个 ERP II 来解释最初定义的,却又一直未能立即实现的 ERP。

美国市场研究机构(AMR Research)在其"扩展的 ERP——连接供应链"课程里,把这种适量扩展了功能并易名为 ERP 的 MRP II 系统,作为"ERP 的一个良好的起点"看待。这一方面说明它不是 Gartner Group 最初定义的 ERP 的全部内容;另一方面也说明制造业企业信息化管理最好是从 MRP II 起步,也就是从内部集成起步。

1.1.4　ERP 的发展前景

经过多年的发展,ERP 作为重要的管理软件为国内外各类型企业所普遍接受。在我国,ERP 行业已经进入成熟期。随着云计算、物联网等技术的推进,国内外竞争环境日益加剧,"后 ERP 时代"表现出以下发展趋势。

第一,商业智能化建设加强。经过多年的运用,ERP 系统中积累了大量的行业数据,这些数据对于企业的经营决策和预测而言意义重大,促使 ERP 软件开始涵盖商业智能(BI)系统的功能。BI 通过对 ERP 中留存的数据进行抽取、挖掘、管理、分析等,将数据转化为对决策过程有重大意义的信息,帮助企业实现从数据到信息、从信息到知识、从知识到利润的转化。

第二,云计算不仅带来了技术上的革新,也带来了企业商业模式上的革新。2011 年,云计算无疑成为信息领域最受瞩目的话题之一。云计算的发展使得从硬件到软件都在向云计算靠拢。云计算可以轻松实现不同设备间的数据与应用共享,为用户提供可靠、安全的数据存储中心。客户端仅通过终端就可以在云计算平台上定制各种所需的服务,省去了数据保管和病毒入侵等问题,最大限度地为用户提供方便,为我们使用网络提供了无限可能,它将真正改变我们的生活。面对这样的新兴技术,ERP 也不例外,在 Oracle、Google 这样的大企业陆续推出软件即服务(SaaS)、平台即服务(PaaS)和基础设施即服务(IaaS)等模式的产品和服务,进而向云计算发展的时候,此前一直致力于开源 ERP 推广的企业也将云计算应用于在线 ERP 平台的建设,借助云计算来实现盈利。云计算模式成为软件行业新的增长点,软件厂商、应用企业等均将云计算作为新的突破和动力引擎。以大型生产企业为例,其首要关注点是如何巩固和维系在同行业中的优势竞争地位。在上下游企业间建立"私有云",既能利用云计算的技术先进性,又能加强其对上下游企业的掌控,巩固其在产业链上的核心地位。"私有云"模式必然成为各大生产企业的首选。

第三,物联网的兴起,加强了互联互通的需求。首先,物联网对 ERP 的信息同步化要求提升,必须保证快速的信息传输速度和较高的信息质量。其次,网络无缝化要求 ERP 软件在供应链管理上更加精进,进一步缩短企业备货时间,提高生产效率。再次,物联网下供应链信息含量提升,如何加速价值信息的共享和利用成为 ERP 行业新的发展机遇。

为应对以上发展趋势,ERP 厂商需做以下策略调整的思考:

第一,加强云计算技术的运用推进和 BI 系统的研发,提升 ERP 软件的商业决策分析价值;

第二,改变传统的软件许可销售模式,采取 SaaS 模式是云计算的关键因素之一,有利于企业形成长期稳定的收入;

第三,提升对兼并收购、国际化等企业发展趋势的理解。ERP 的核心在于管理与技术的融合,随着外部环境推进,企业面临转型需求。ERP 厂商只有跟上企业转型的步伐才能保证产品的价值。

1.2　ERP 沙盘模拟课程简介 > > >

视频 ERP 沙盘
模拟课程简介

1.2.1　课程相关的基本概念

1. 沙盘

沙盘一词,源于军事模拟推演,主要采用各种模型来模拟战场的地形及武器装备的部署情况,通过模拟推演敌我双方在战略与战术上的对抗与较量,从而制定有效的作战方案。沙盘在日常生活中也有所应用,如房地产企业制作楼盘规划布局沙盘等,就是利用沙盘清晰地模拟了真实的地形、地貌或格局,让其

视频 沙盘介绍

所服务的对象不必亲临现场,也能对所关注的位置了然于胸。不仅如此,企业利用沙盘还可以从宏观角度全面地审视其所处的环境,从而运筹帷幄,制定决策。

"企业运营沙盘仿真实验"是瑞典皇家工学院的克拉斯·梅兰(Klas Mellan)于 1978 年开发的课程,其特点是采用体验式培训方式,遵循"体验—分享—提升—应用"的过程来达到学习的目的。该课程最初主要是从非财务人员的财务管理角度来设计的,通过实物模型直观地了解企业运营的过程,利用企业运营的实物模型,增强培训人员对全局的把握。之后,该课程被不断改进与完善,针对总经理、财务总监等职位的沙盘演练课程被相继开发出来。目前,"沙盘演练"的课程被世界 500 强的企业作为中高层管理者的必备的培训课程之一,也被欧美的商学院作为 EMBA(高级管理人员工商管理硕士)的培训课程。目前,沙盘演练已经得到普遍推广,ERP 沙盘模拟就是其中之一。

2. ERP

ERP 是企业资源计划的简称。企业资源不仅包括厂房、设备、物料、资金、人员,还包括企业上游的供应商和企业下游的客户等。ERP 的实质是,在资源有限的情况下,如何合理组织生产经营活动,降低经营成本,提高经营效率,提升竞争能力,力求做到利润最大化。可以说,企业的生产经营过程也是对企业资源的管理过程。

3. 模拟

模拟最初只用于物理、工程、医学、空间技术等方面。20 世纪 50 年代后,其逐步用于工商管理、经济科学研究之中。模拟表明了所面对的是一个虚拟的仿真环境,而不是一个真实的环境,这一虚拟仿真环境具备了一般真实环境所拥有的主要特性。模拟为学生提供了宝贵的实践演练机会,学生可以直观地体验和学习复杂且抽象的 ERP 管理理论。模拟不仅加深了对理论知识的理解,也增加了趣味性。

1.2.2　ERP 沙盘模拟实训课程

"ERP 沙盘模拟实训"课程,又称为"企业经营沙盘模拟实训"课程,就是模拟一个真实的企业。课程的主要内容包括战略规划、资金筹集、市场营销、产品研发、生产组织、物资采购、设备投资与改造、会计核算与财务管理等部分的设计内容,并把企业运营所处的内外部环境抽象为模拟实训中的一系列规则和参数。

视频 ERP 沙盘模拟实训课程介绍

最初,这一实训课程只是一种计算机辅助教学的方式。Motorola、IBM 等跨国企业经常采用这种新颖的培训方式。该培训方式是先由专家讲授相关理论,涉及企业管理中如市场营销、财务管理、信息技术、人力资源管理、战略管理的主要内容,然后把培训人员分成若干组,利用计算机进行企业竞争模拟。这种培训方式激发了培训人员极大的学习兴趣。20 世纪 80 年代初,ERP 沙盘模拟实训课程开始在我国管理学专业中开设。该课程最初主要在高校的 MBA(工商管理硕士)教学中使用,另外,一些培训企业也进行了类似的沙盘培训。

2003 年,软件企业率先引入沙盘版权课程,应用于 ERP 实验教学中,同时在本科高等院校中推广,并将其命名为"ERP 沙盘仿真对抗实验"。由此,ERP 沙盘仿真对抗实验被正式引入高校实训教学体系中。与一般的计算机辅助教学不同,ERP 沙盘模拟实训课程主要是构建仿真企业环境,模拟真实企业的生产经营活动,并将实物沙盘和 ERP 管理软件的全面运用相结合。在实训过程中,学生直接利用 ERP 管理软件对模拟企业的全部经营活动进行全面管理和控制。整个实训涉及企业整体运营过程,能全面了解企业生产经营的各个环节,有助于学生感受企业运营规律,感悟经营管理真谛。

课程的基础背景设定为一家生产型企业,同时存在若干个基础状况完全相同的竞争企业。此课程将把参加模拟实训的学生分成 8～24 组,每组 3～5 人,每组各代表一个不同的模拟企业(每个企业互为同行业中的竞争对手)。在这个实训中,每个小组的成员将分别担任企业中的重要职位(如 CEO、CFO 等)。

视频 ERP 沙盘模拟实训课程组织

他们在面对来自其他模拟企业(其他实训小组)的激烈竞争中,将企业向前推进、发展。在模拟经营中,每个模拟企业必须做出众多的决策,如新产品的研发、生产设施的改造、新市场中销售潜能的开发等。每个独立的决策相对容易做出,然而当把它们综合在一起时,会相互影响,最终产生许多不同的企业决策方案。

模拟企业将存续若干年,在此过程中各个企业将在客户、市场、资源及利润等方面进行

一番真正的较量。这种竞争的模拟行为有助于学生形成宏观规划、战略布局的思维模式。随着模拟经营的步步深入,学生会逐渐面临多方面的激烈挑战,如充满风险的市场或者产品定位选择;生产时序优先安排的决策;市场信息的综合分析决策;参与市场竞标的策略选择;资源配置与规模发展的平衡;不断增长的客户需求;资源配置与规模发展的平衡;适应变化的财务方案等。模拟实训将演示出在模拟企业的运营中,各职能机构掌握怎样的信息与工具,如何通过团队合作获得成功。通过这一平台,各层面员工对企业业务达成一致的理性及感性认识,形成共通的思维模式以及促进沟通的共同语言。

每一经营年度结束后,各小组成员都要对企业当年业绩进行综述与分析,发现企业决策、战略的成功与失败,在下一年度中进行调整与改进,在不断练习中提高自身的综合管理能力。同时,这一过程应用了各种业务工具,主要包括损益平衡表、收入报表、生产计划与物料需求计划、竞争对手分析、市场分析、盈亏分析和比率分析等,内容涉及整体战略、产品研发、生产排程、市场与销售、财务管理、团队沟通与建设等多个方面。所有的工具都能对竞争的结果产生影响,与真实商战并无差异。这样的模拟实训既具有令人兴奋的驱动力,又真实地反映了"决策是如何影响结果的"。

1.2.3 ERP沙盘模拟的重要性分析

ERP沙盘模拟课程弥补了传统教学模式中理论与实践相脱节的缺憾,作为一种实践体验式的教学方式,加强了学生对企业实践的认识和感悟。借助ERP沙盘模拟实训,可以强化学生对课堂所教授的管理知识、管理技能的真正理解和吸收,从而全面提高学生的综合素质。ERP沙盘模拟教学融理论与实践为一体、集角色扮演与职位体验于一身,可以使学生通过角色扮演和体验,在相互配合和共同努力下,完成知识从理性到感性,再从感性到理性的循环转化。

视频 ERP沙盘模拟课程的意义

1.2.3.1 应用综合性的知识体系

ERP沙盘模拟课程通过训练学生综合运用各学科知识,提高学生解决实际问题的能力,在参与和体验中可以使学生在以下几方面获益。

1. 战略管理

成功的企业一定有着明确的企业战略,包括战略的管理过程、战略分析、企业综合能力管理和核心竞争力分析。从最初的战略制定到最后的战略目标达成分析,学生经过不断模拟,将学会用战略的眼光看待企业的业务和经营,保证业务与战略的一致性,在未来的工作中获取更多的战略性成功。

2. 营销管理

营销管理主要包括市场分析与决策、产品组合与市场定位、竞拍策略制定、营销策略制定等。市场营销是为了实现企业目标,建立和保持与市场之间的互利交换关系。营销管理的实质是需要管理企业所有的行为、资源,使其能满足客户的需求。在ERP沙盘模拟过程中,学生将学会如何分析市场、关注竞争对手、把握消费者需求、制定营销战略、定位目标市场,制定并有效实施销售计划,最终达成企业战略目标。

3.生产管理

生产管理即生产控制,是对企业生产系统的设置和运行的各项管理工作的总称。在 ERP 沙盘模拟中,学生需要对企业进行生产计划、生产组织和生产控制的管理工作,把企业的采购管理、生产管理、质量管理统一纳入生产管理领域,最终能达到投入少、产出多的管理目标,有效地管理生产过程,从而提高企业的整体竞争力。

4.财务管理

在 ERP 沙盘模拟中,学生将掌握经营、筹资、投资的管理,即在一定的整体目标下,关于资产的购置(投资)、资本的融通(筹资)和经营中的现金流(营运资金)以及利润分配的管理。学生需要制定财务制度与风险管理,进行财务分析与协助决策,从而解读企业经营的全局。

5.人力资源管理

在 ERP 沙盘模拟中,学生需要对人力资源进行有效开发、合理配置、充分利用和科学管理,不仅包括人力资源的预测与规划,工作分析与设计,人力资源的维护与成本核算,人员的甄选录用、合理配置和使用,还包括对人员的智力开发、教育培训,调动人的工作积极性,提高人的科学文化素质和思想道德觉悟。在这个过程中,学生能够明确,只有在组织的全体成员有着共同愿景、朝着共同的绩效目标、遵守相应的工作规范、彼此信任和支持的氛围下,企业才能取得成功。

6.信息管理

在 ERP 沙盘模拟中,学生要对信息资源和信息活动进行管理。信息管理是指在整个管理过程中,收集、加工和输入、输出的信息的总称。信息管理的过程包括信息收集、信息传输、信息加工和信息储存。学生通过使用企业信息管理系统,能够时刻跟踪企业运行状况,对企业业务运行过程进行控制和监督,及时为企业管理者提供丰富的可用信息。通过沙盘信息化体验,学生可以感受到企业信息化的实施过程及关键点,从而合理规划企业信息管理系统,为企业信息化做好观念和能力上的铺垫。

1.2.3.2 全面提高学生综合素质

ERP 沙盘模拟作为企业经营管理模拟仿真教学系统还可以用于综合素质训练,使学生在以下方面获益。

1.树立共赢理念

市场竞争虽然是激烈的、不可避免的,但竞争并不意味着你死我活。寻求与合作伙伴之间的双赢、共赢才是企业发展的长久之道。这就要求企业知己知彼,在市场分析、竞争对手分析上做足文章,只有在竞争中寻求合作,企业才会有无限的发展机遇。

2.全局观念与团队合作

企业经营要求每个角色都要以企业总体最优为目标,各司其职,相互协作。通过 ERP 沙盘模拟课程的学习,学生可以在复杂的经营过程中,深刻体会到团队协作精神的重要性。在企业运营中,没有良好的分工协作,企业很难做出周全的决策。每一个角色都要进行有效的沟通,只有以企业总体最优为出发点,才能赢得竞争,实现目标。

3.保持诚信

诚信是一个企业的立足之本,发展之本。诚信原则在 ERP 沙盘模拟课程中体现为对"游戏规则"的遵守,如对市场竞争规则、产能计算规则、生产设备购置以及转产等具体业务的处理。保持诚信是学生立足社会、发展自我的基本素质。

4.个性与职业定位

每个人都有不同的个性,这种个性在 ERP 沙盘模拟对抗中会显露无遗。在分组对抗中,有的公司轰轰烈烈,有的公司稳扎稳打,还有的公司则不知所措,可见,个性特点与其在 ERP 沙盘模拟中胜任的角色具有较大的关联度。学生通过在仿真模拟的环境下体验企业日常运营过程,能促进其完成自我探索,了解自身的兴趣爱好以及优缺点,从而更加明确自己的职业定位,为未来的就业指明方向。

5.感悟人生

经营自己的人生与经营企业类似。市场的残酷与企业经营的风险,不仅是企业面临的问题,也是人生中要抉择的问题,借此可以培养学生承受挫败的能力,思考成功背后原因的能力。

1.2.3.3　实现从感性到理性的飞跃

在 ERP 沙盘模拟中,学生经历了一个从理论到实践再到理论的上升过程,把自己亲身经历的宝贵实践经验转化为全面的理论模型。学生借助 ERP 沙盘演练自己的企业经营管理思路,每一次基于现场的案例分析及数据分析的企业诊断,都会使学生受益匪浅,达到磨练商业决策敏锐度,提升决策能力及长期规划能力的目的。

1.3　ERP 沙盘模拟企业的概况 >>>

1.3.1　整体设计

ERP 沙盘模拟是针对代表先进的现代企业经营与管理技术——ERP 设计的角色体验的实验平台。模拟沙盘按照生产型企业的职能部门划分了职能中心,包括营销与规划中心、生产中心、物流中心和财务中心。各职能中心涵盖了企业运营的所有关键环节:以战略规划、资金筹集、市场营销、产品研发、生产组织、物资采购、设备投资与改造、财务核算与管理等几个部分为设计主线,同时配备总经理、财务总监、生产总监、营销总监和采购总监等五个职位角色。

视频 ERP 沙盘
模拟课程整体
设计

ERP 沙盘模拟把企业运营所处的内外环境抽象为模拟实训中的一系列规则和参数,由学生组成多个相互竞争的模拟企业,模拟企业 5~6 年的经营。学生通过参与模拟经营、对抗演练、讲师评析、自身感悟等一系列实验环节,融理论与实践于一体、集角色扮演与岗位体验于一身,使学生在分析市场、制定战略、营销策划、组织生产、财务管理等一系列活动中,参

悟科学的管理规律,培养团队精神,全面提升管理能力,同时也对企业经营的管理过程有一个真实的体验。

1.3.2 模拟企业基本情况

本课程模拟的是一个生产制造型企业。为了避免学生在课程实验过程中将模拟企业与自己熟悉的行业关联起来,课程模拟的是一个虚拟的行业,生产和经营的是虚拟产品,即 P 行业中的 P 系列产品,具体包括了 P1、P2、P3、P4 和 P5 产品。

视频 模拟企业概况

目前,国家经济状况发展良好,消费者收入稳步提高,P 行业是一个新兴行业。某权威机构经过调查研究后,预测了 P 行业的发展前景。该机构认为,目前 P 行业处于一个技术水平较低的阶段,市场上占主导地位的主要是低端的 P1、P2 产品。但随着经济的发展,高端产品将有比较大的竞争优势,市场对低端产品的需求会逐步下降,对中端产品 P3 及高端产品 P4、P5 的需求会上升。因此,企业经营模拟之前需要认真研究市场订单方案。

该模拟企业的股东看中了 P 行业的潜在商机,筹措了一定的资金,创建了一个全新的生产制造型企业,准备在 P 行业大展拳脚。在企业的初创阶段,企业董事会及全体股东聘用了一批优秀的管理人员(模拟经营者),他们希望这些管理人员能完成如下工作:

视频 离散型制造企业

(1)制定企业的发展战略;
(2)根据企业的发展战略,确定合适的融资规模、融资方式;
(3)投资固定资产,购置生产设备,采用现代化生产手段,高效率进行生产;
(4)投资新产品的研发,开发产品市场,提高企业的市场地位;
(5)研究在信息时代如何借助先进的管理工具和手段来提高企业的管理水平;
(6)推进企业文化建设,增强企业凝聚力;
(7)加强团队建设,提高组织效率。

模拟企业是一个新建企业,目前仅有投资者投入的初始资金,没有其他资产,也没有负债。对于企业来说,目前最重要的就是制定企业的发展战略,并在该战略的指导下,确定企业的负债规模、融资方式,购买固定资产,研发新产品,并利用企业所拥有的资源进行高效率的生产经营,以实现企业的战略目标。

视频 模拟企业经营概述

总而言之,企业想在市场上取得成功,完成企业董事会及全体股东的期望,实现良好的经营业绩,管理层必须齐心协力、努力创新、谨慎经营。

1.3.3 模拟角色与人员分工

沙盘模拟经营是由经营者、竞争规则、竞争策略、收入和支付等基本要素组成。参与者由 24～100 名学生组成,每 3～5 名学生成立一个企业。指导教师可以按照年龄、性别、职务、专业和能力均衡的原则,将学生分成 8～24 个实力相当的学习小组。分组之后,每个小组的学生将以全身心参与的积极心态相互介绍、充分沟通,在有限的时间内做到尽可能多的了解。

在接下来的实验中,学生将以小组为单位创建模拟企业,组建管理团队,参与模拟竞争。每个学习小组就是一家模拟企业,同时也是一个掌控模拟企业经济资源的决策集体。各小组要根据每个成员的不同特点进行基本的分工,选举产生模拟企业的第一届总经理、财务总监、生产总监、营销总监以及采购总监,确立组织原则和决策模式,注册企业名称。每个模拟企业可以根据具体小组人数及企业运营情况进行职位调整,如三人可设置总经理、财务总监、运营总监,运营总监涵盖生产总监、营销总监、采购总监的职责,随后根据企业运营阶段、人数的变化考虑逐步增设营销总监,分担营销管理职责,具体职位的设定可根据组员特质、企业运营、教学安排等因素进行调整。这样,市场上就形成了8~24个相互竞争的模拟企业,连续从事5~6年的经营活动。每个模拟企业依照竞争规则,做出采购、研发、生产、融资、广告、培训、销售等经营决策,并用综合费用表、利润表和资产负债表记录经营结果,计算出经营效率。

接下来,我们来了解一下总经理、财务总监、生产总监、营销总监以及采购总监的具体职能。

1.3.3.1 总经理(CEO)

总经理是一个企业的舵手,对企业的发展方向和团队的协调起重要作用,不仅能在企业经营一帆风顺的时候带领团队冷静思考,而且能在企业遇到挫折的时候鼓舞大家继续前进。总经理的主要职责是制定和实施企业总体发展战略与年度经营计划;进行竞争格局分析;主持企业的日常经营管理工作;实现企业经营管理和发展目标等。现代企业的治理结构采用"两权三层"模式,即所有权与经营权两权,股东会、董事会和经理层三个层次。

在模拟企业的经营中,省略了股东会和董事会,企业所有的重要决策都由总经理带领团队成员共同决定,最终决策由总经理做出。与此同时,在模拟中总经理还要特别关注每个人能否胜任其岗位。总经理主要完成如下工作:

(1)发展战略制定,内外部环境评估,中、短期经营策略制定;

(2)竞争格局分析;

(3)经营指标确定;

(4)业务策略制定;

(5)全面预算管理;

(6)管理团队协同;

(7)企业绩效分析;

(8)业绩考评管理;

(9)管理授权与总结。

1.3.3.2 财务总监(CFO)

财务总监既是现代企业管理架构中的重要角色,又是企业结构发展到一定程度的必然产物,在企业中承担着关键的职能。财务总监的主要职责是承担日常现金管理及财务管理工作,包括日常财务记账和登账、定期核查企业的经营状况、核算企业的经营成果、制订预算及对成本数据的分类和分析、财务分析与协助决策等。如果说资金是企业的"血液",那么财务部门就是企业的"心脏"。

在模拟企业的经营中,财务总监要参与企业重大决策方案的讨论,如设备投资、产品研发、市场开拓、ISO 资格认证、购置厂房等。企业进出的任何一笔资金,都要经过财务总监的审批。财务总监主要完成如下工作:

(1)日常财务记账和登账;

(2)向税务部门报税;

(3)提供财务报表;

(4)日常现金管理;

(5)企业融资策略制定;

(6)成本费用控制;

(7)资金调度与风险管理;

(8)财务制度与风险管理;

(9)财务分析与协助决策;

(10)制订投资计划,评估回收周期;

(11)现金流的管理与控制;

(12)编制财务报表,结算投资收益,评估决策效益;

(13)运用财务指标进行财务分析和内部诊断,协助管理决策;

(14)以有限的运作资金创造高额的利润。

1.3.3.3　生产总监(CPO)

ERP 沙盘模拟课程真实地展现了一个制造型企业管理的完整流程,包括物流、资金流和信息流的协同,有助于学生理解企业实际运作中各个部门和管理人员的相互配合度。生产总监是企业生产部门的核心人物,对企业的一切生产活动进行管理,并对企业的一切生产活动及产品负最终责任。生产总监既是生产计划的制订者和决策者,又是生产过程的监控者,对企业目标的实现负有重大的责任。他的工作是通过计划、组织、指挥和控制等手段实现企业资源的优化配置,创造最大的经济效益。生产总监的主要职责是进行产品研发、生产、库存管理、产销调度、成本控制、合理开支、JIT(准时制)生产等的应用和协调。

在模拟企业的经营中,生产总监要进行生产资源的合理调配,如购置厂房和生产线、安排生产计划、控制产品库存等,从而满足市场的需要。生产总监主要完成如下工作:

(1)产品研发管理;

(2)体系认证管理;

(3)固定资产投资;

(4)安排生产计划;

(5)平衡生产能力;

(6)生产车间管理;

(7)产品质量把控；

(8)成品库存管理；

(9)产品外协管理；

(10)制订生产计划；

(11)合理配置资源；

(12)生产能力与效率管理；

(13)分析生产管理决策的常见误区与陷阱；

(14)制作生产管理决策的常用工具。

1.3.3.4 营销总监(CMO)

营销总监主要是为企业制定短期及长期的市场营销战略规划及实施策略。市场营销是将企业现有的各种资源及想要达到的目标与市场需求有机地结合起来，把消费者需求和市场机会变成有利可图的企业机会的一种行之有效的手段，也是战胜竞争者谋求发展的重要工具。通过模拟激烈的市场竞争，学生可以在不遭受任何实际损失的前提下，获得宝贵的市场竞争经验；可以通过实战模拟，辨认细分市场和选择目标市场，学会竞争分析、资源分配、整合营销策划和实施。ERP沙盘模拟课程可以帮助学生学习制订以市场为导向的业务战略计划，认识营销战略对于经营业绩的决定性作用，体验内部营销和外部营销间的关系，深刻领悟企业综合竞争能力的来源，理解客户终身价值的意义，从注重产品与推销转变为注重客户的满意度。随着市场竞争的加剧，哪家企业能选择最好的目标市场，并为目标市场制定相应的市场营销组合战略，哪家企业就是竞争中的赢家。营销总监主要完成如下工作：

(1)统一市场信息系统的决策思路；

(2)准确进行市场分析与定位；

(3)确定市场制胜的方法与手段；

(4)决定进攻与防守策略；

(5)决定产品组合策略；

(6)做出新产品的研发决策；

(7)做出产品的定价决策；

(8)做出产品的定位决策；

(9)分析市场与产品决策的常见误区及陷阱；

(10)制作市场与产品决策的常用工具；

(11)构建现代营销信息系统；

(12)建立内部报告系统；

(13)建立营销情报系统；

(14)建立营销调研系统；

(15)建立营销决策支持系统；

(16)进行市场预测和需求衡量；

(17)辨认细分市场和选择目标市场;

(18)确定企业市场定位战略;

(19)确定产品生命周期的营销战略;

(20)组织市场调查分析;

(21)确定市场进入策略;

(22)确定产品发展策略;

(23)制定广告宣传策略;

(24)制订销售计划;

(25)争取订单与谈判;

(26)签订销售合同,进行过程控制;

(27)组织企业按时发货,管理应收款项;

(28)进行企业销售绩效分析;

(29)制定投标与竞标策略,并对营销效率进行分析;

(30)研究市场信息,抢占市场份额,建立并维护市场地位,寻找不同市场的赢利机会。

1.3.3.5 采购总监(CPO)

原材料采购是企业生产的前提,采购总监主要负责各种原料的及时采购和安全管理,确保企业生产的正常进行;编制并实施采购供应计划,分析各种物资供应渠道及市场供求变化情况,力求从价格上、质量上把好第一关,为企业生产做好后勤保障;进行供应商管理;进行原材料库存的数据统计与分析。

而在模拟企业的经营中,采购总监主要负责编制采购计划、向供应商付款、仓储管理等工作,确保为生产提供适合的原材料品种及充足的数量。在现代制造型企业的经营管理中,供应链管理和物流管理已经成为企业核心竞争力构成的重要因素。采购总监主要完成如下工作:

(1)编制采购计划;

(2)与供应商谈判;

(3)签订采购合同;

(4)监控采购过程;

(5)到货验收;

(6)仓储管理;

(7)采购支付形式抉择;

(8)与财务部协调;

(9)与生产部协同。

1.4 ERP沙盘模拟系统 >>>

ERP沙盘模拟系统(又名企业经营沙盘模拟系统)是嘉兴学院与浙江精创教育科技有

限公司共同研发的企业经营模拟软件,基于流程的互动经营模式。该系统与实物沙盘完美结合,继承了ERP实物沙盘形象直观的特点,同时实现了选单、经营过程、报表生成、赛后分析的全自动操作,把教师从选单、报表录入、监控等具体操作中彻底解放出来,使其能将教学研究的重点放于企业经营的本质分析上。

该系统仿真模拟企业市场竞争及经营过程,让学生身临其境,真实感受市场氛围,既可以让学生全面掌握经管知识,又可以树立团队精神、责任意识;对传统课堂教学及案例教学既是有益补充,又是创新革命。该系统有以下一些特点:

(1)采用B/S(浏览器/服务器)架构模式,基于Web的操作平台,安装简洁,可实现本地或异地的训练;

(2)可对运作过程的主要环节进行控制,学生不能擅自改变操作顺序,也不能随意反悔操作,以避免作弊;

(3)可自动核对现金流,并依据现金流对企业运行进行控制,避免了随意挪用现金的操作,从而真实地反映了现金对企业运行的关键作用;

(4)可实现交易活动(包括银行贷款、销售订货、原料采购、交货、应收款回收、市场调查等)的本地操作,以及操作合法性验证的自动化;

(5)可与实物沙盘结合使用,也可单独使用(高级训练或比赛时采用);

(6)有多组训练的选择,适应教学任务的变化;

(7)可有限地改变运行环境参数,调节运行难度;

(8)具备情报功能;

(9)集成了即时信息功能;

(10)具备强大的用户决策跟踪功能——可无遗漏地暴露决策失误,进行赛后复盘分析。

除电子沙盘系统外,常见的还有手工沙盘系统。手工ERP模拟沙盘涉及的主要教具包括6张沙盘盘面,代表6个相互竞争的模拟企业。每张模拟沙盘上按照制造型企业的职能部门划分了职能中心,包括营销与规划中心、生产中心、物流中心和财务中心。各职能中心覆盖了企业运营的关键环节,即战略规划、市场营销、生产组织、采购管理、库存管理、财务管理等,是一个制造型企业的缩影。目前,国内较典型的企业经营类电子沙盘产品包括新道沙盘、精创沙盘、金蝶沙盘等。除此之外,各企业还积极推动沙盘模拟技术在其他经济管理领域中的应用。

第 2 章 ERP 沙盘模拟流程

2.1 团队的组建 > > >

2.1.1 团队的组建

组织结构是保证企业正常运转的基本条件,任何企业在创建之初,都要有与其企业类型相适应的组织结构。在"ERP沙盘模拟实训"课程中,我们采用简化的企业组织结构形式。在ERP沙盘模拟开始之前,学生要分组组建一个初创团队,而在每个团队中,学生分别担任重要的职位。团队成员分别扮演总经理、财务总监、生产总监、营销总监、采购总监等五个角色,如图2-1所示。在经营过程中,团队的合作至关重要,要具有明确的共同目标,确保团队成员能力的互补、履行各自的职责。团队组建成功后,可进行企业命名甚至确定企业的愿景和口号,增加模拟的真实感及学生的沉浸度。

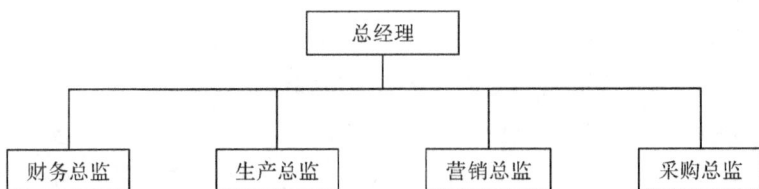

图 2-1 团队组建

团队成员不一定是固定的五个人,可以一人兼顾两种角色,如当只有四个成员的时候,可以由一人兼任采购总监与生产总监。实际团队的组建及角色的担当可以根据成员的具体情况进行调整。在多轮的模拟经营中,成员的角色可以进行轮换,从而使每位成员能体验不同的角色,从不同的出发点来考虑问题,学会换位思考、考虑问题更加全面。

2.1.2 角色的选择

在ERP沙盘模拟实训中,总经理是整个企业的负责人及领导者,模拟团队一般是共同讨论做出具体的发展决策,但最终的决定权仍然在总经理手上。总经理需要不断为企业发展做出最终决策,这是总经理的最大职责,同时要控制企业运营的总体流程并进行记录。总经理需要了解每个成员的优势,根据其优势及意愿安排相匹配的职位和工作任务;通过带领团队成员共同努力,使得总体绩效大于个体绩效的总和。因此,总经理的角色比较适合能考虑大局、热情洋溢、坦率、有领导能力的人。

在 ERP 沙盘模拟实训中,财务总监需要统一负责对企业的资金进行预测、筹集、调度与监控,制作综合费用表、利润表和资产负债表;管好现金流,按需支付各项费用和进行成本核算,做好财务分析及现金预算,采用经济有效的方式筹集资金,将资金成本控制在较低水平。因此,财务总监的角色比较适合具有缜密思维、对数字高度敏感、计算能力强的人。

在 ERP 沙盘模拟实训中,生产总监是根据企业的需求及市场预测来制订下一步产品的生产计划,更好地推进生产管理与生产进程;同时需要对厂房、生产线等资产进行良好的控制,需要与其他角色进行紧密联系、沟通。生产总监的角色比较适合具有及时发现和解决问题的能力、严谨的思维、考虑问题全面的人。

在 ERP 沙盘模拟实训中,营销总监主要负责对市场预测表、综合三表(综合费用表、利润表、资产负债表)的分析,为企业制订市场计划,完成广告投放、订单选择及交货等职能,同时还可以兼任商业情报收集的角色。营销总监最方便监控竞争对手的情况,如对手正在开拓哪些市场、未涉足哪些市场、对手的产能情况以及销售情况等,充分了解市场需求及竞争情况,明确竞争对手的动向,有利于本企业与对手今后的竞争及市场调整。因此,营销总监的角色比较适合具有较强的信息分析、沟通交流以及灵活应变的能力的人。

在 ERP 沙盘模拟实训中,采购总监主要根据生产总监所制订的生产计划及可能出现的意外情况制订采购策略和计划,需要以采购结果(成本、效率)为衡量标准,在出现资金、生产、市场变化的意外情况时,采购总监需要灵活应对意外情况。因此,采购总监的角色比较适合具有一个良好开放的态度、愿意倾听各方不同意见、寻求协商一致的人。

团队必须明确谁在什么位置、负责什么工作,如图 2-2 所示。对于初创团队来说,如果团队人数少,则可以一人兼任多种职务,但要明确各自的工作内容和职责,既不允许有两个人交叉负责的情况出现,也不允许有模糊的领域,出了问题大家都能清楚地知道谁应该承担责任,取得成绩是谁的功劳也能划分清楚。在具体职位划分时,指导教师应当充分考虑学生的性格特点及自身的意愿,充分调动其积极性。

测试题 角色测试

图 2-2　角色的选择

2.2 领会规则 >>>

在 ERP 沙盘模拟中,团队成员都要了解游戏的规则。团队要以遵守规则为核心,步步为营,为企业获取最大的利益。这看似简单却也非常关键。详细研究并灵活应用规则,是模拟运营成功的关键。ERP 的运营规则是由管理员设定的,具有可变性,团队在制订企业计划或方案前,需要了解规则详情。团队通过仔细研究运营规则来确定企业应该采用什么样的策略,从而确定具体的生产计划、营销计划、财务计划、采购计划等,制订一个详细的企业运营方案。企业的运营规则主要分为市场规则、生产规则和经营规则三大板块,如图 2-3 所示。

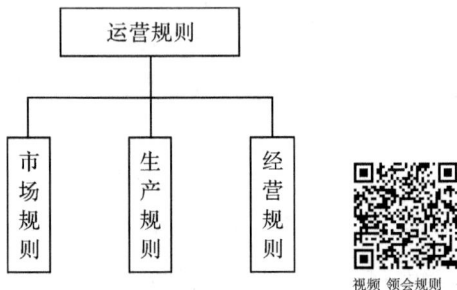

图 2-3 运营规则

2.2.1 市场规则

市场规则需要从资金流、竞争对手、市场结构三个方面去认识自身企业的优势与不足。企业要把握和利用自身的优势压倒竞争对手。市场规则包括市场准入规则、ISO 认证规则、广告规则、选单规则和竞拍规则。

市场准入规则主要由市场类型、开拓费用、持续时间和总投资构成。市场分为本地市场、区域市场、国内市场、亚洲市场和国际市场。针对不同的市场投入的费用与时间都不相同。市场可同时开拓,也可分别开拓,不能加速投资,但允许中断或终止,只有市场投入达到总投资时方可在该市场选单。

ISO 认证规则主要由认证类型、认证费用和认证年限构成。ISO 认证类型分为 ISO 9000 和 ISO 140000 认证两项。两项认证投资的费用和年限都不相同,可同时进行或延期,相应投资完成后领取 ISO 资格认证。市场中部分订单会有 ISO 认证要求,若未获得相应的 ISO 认证则无法选取该订单。

广告投放规则由投放市场的选择和投入的广告费用构成。广告投放主要有两个作用:一是获得选单的机会;二是判断选单顺序和次数。广告投放要精准,如本地 P1 市场,确定投放的市场后就会获得该市场的选单机会。广告投放会设定一个最低额度,投放市场时不能低于该额度,否则无法进入该市场选单。选单的顺序主要是由企业广告投放情况的高低进行排序,并根据广告金额的多少决定选单次数。

选单规则用在订货会上。订货会是让企业依次选取订单,市场顺序依次为本地市场、区域市场、国内市场、亚洲市场、国际市场,市场内产品顺序依次为 P1、P2、P3、P4、P5。各企业的选单顺序是由企业广告投放情况的高低进行排序的,企业根据自身的生产能力选择合适的订单,或者选择放弃。选单的目的是获取订单,从而将产品销售出去从而获得利润。

竞拍规则主要用在竞拍会上。竞拍会一般在第三年和第六年的订货会结束后召开。每轮竞拍会系统会一次性发放多张订单,企业可选择有意向的订单参与竞拍。由于订单较多,所以一般为从上至下每 3 张订单同时进行竞拍。竞拍会上,企业可填写需要竞拍订单的总价、交货期和账期,多家企业同时竞拍,得分高者获得该订单。竞拍会是企业获取订单的另一重要途径。

2.2.2　生产规则

生产规则需要强调的是怎么生产,如何安排生产时间、生产准备等去完成企业的生产计划。生产规则也需要通过每个环节的共同参与才可实现企业利益最大化。生产规则主要包括生产线规则、厂房规则、产品研发规则、原材料采购规则和生产加工规则。

生产线规则主要由生产线类型、购置费、安装周期、生产周期、总转产费、转产周期、维护费及残值构成。生产线的作用主要是生产产品。虽然不同的生产线所对应的相关费用、生产周期有所不同,但不同的生产线可以搭配生产任意产品。

厂房规则主要由厂房类型、购买价格、租金和生产线容量构成。厂房主要用来安装生产线,是进行生产线安装的唯一渠道。生产线一旦安装成功则不允许在厂房间移动。厂房可帮助企业制造产品来获取利润,是企业生产管理不可或缺的一部分。

产品研发规则主要由产品类型、研发费用、研发周期、加工费、产品组成以及直接成本构成。此外,新产品研发投资可以同时进行,资金短缺时可中断或终止研发,但必须完成产品研发才可获得相应产品的生产资格,从而进行生产。

原材料采购规则主要由原材料类型、购买价格和提前期构成。企业需要根据所生产的产品选择原材料的采购,并且是以货到付款的形式采购。需要注意原材料的提前期及成本构成,没有下单的原材料是不能采购入库的。

生产加工规则是指生产前需要先完成生产线、厂房、产品研发、原材料采购的准备作业。企业可根据生产调度计划开始进行产品的生产。每年产品生产只能在特定时间内完成,在生产过程中也会扣除一定的加工费。产品生产时间只跟生产线的类型有关,生产时间全部完成且产品下线入库后,才可进行交货。

测试题 生产规则

2.2.3　经营规则

在企业经营中,会发生各种经营费用,从而影响企业的盈利情况。学生在具体运营时,需要根据企业情况利用相应的经营规则,帮助企业更好地运营。经营规则主要包含融资规则、资金贴现规则、经营费用规则、违约规则和破产规则。

融资规则主要由贷款类型、贷款时间、贷款额度、贷款年限、年利率及还款方式构成。不同贷款类型所需要支付的利息也不一样。企业在选择贷款类型时要了解贷款额度及贷款规则,避免盲目融资以造成企业利息过高、还款压力过大等危机。

资金贴现规则主要由贴现时间、贴现金额及贴现率构成。资金贴现是对企业已有的应收款进行贴现,可随时进行,同时要支付一定的贴现费用。学生在进行贴现操作时,需要考虑贴现率,不同的贴现时间所需的贴现率也不同。

经营费用规则主要包括管理费用、税金和情报费用。管理费用是按运营季度收取,税金是针对盈利的企业收取,情报费用只在企业想要获取其他企业信息时才会发生。

违约规则是指所有的订单必须在规定的期限内完成,若订单未能按时完成,会有相应的违约金和违约记录。

破产规则是指在任一经营时期内,当所有者权益小于零或现金流断流时为破产,破产的企业无法继续经营。

2.3 运营规律

2.3.1 企业生命周期

企业生命周期理论将企业看成一个动态发展的有机体,是指企业经历的初创、成长、成熟、衰退等过程,如图 2-4 所示。每个企业都需要经历不同的成长周期,各个周期资产配置状态也会出现一定的变化。只有清楚企业不同成长阶段的特征,才能在经营战略、市场战略、生产管理、财务管理等日常企业管理方面做到从容不迫,如表 2-1 所示。

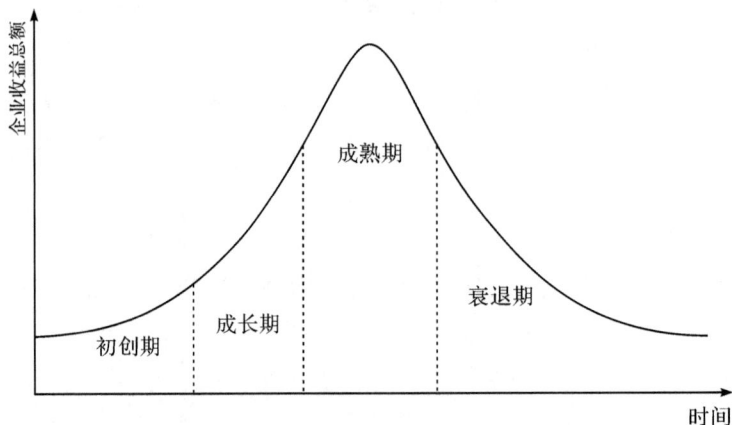

图 2-4　企业生命周期

1.初创期的特征

初创期的特征如下:企业资本实力不足,资产配置单一;生产批量小、试制费用大;产品尚未被市场所接受,生产成本和销售费用较高;销售额增长缓慢,企业在财务上往往表现为亏损。这一阶段企业管理的重点是:财务管理方面要加大业务资金融资,生产管理方面要加强生产设备控制、适时调整产品定位,营销管理方面要大力开发市场。在实践中,企业初创期的"死亡率"非常高。因此,企业初创期最主要的任务是生存,只有在市场上站稳脚跟、树立良好的企业形象,才能为将来的成长创造机会。

2.成长期的特征

成长期的特征如下:企业有形资产已具有一定规模,但技术、品牌、商誉等无形资产急剧增加,增速远远大于有形资产;生产能力慢慢提升,产量、销量不断攀升,盈利水平渐强,市场占有率进一步提高。这一阶段企业管理的重点是:财务管理方面要筹措资金和加强成本管理;生产管理方面要确保规范化、批量化、规模化;营销管理方面要采取各种促销策略、市场战术,不断开拓新的市场并扩大市场规模。企业在成长期往往处于十分激烈的竞争环境中,必须保持冷静,切忌盲目转型,避免在经营战略等方面造成重大失误,要及时抓住市场机遇,保持企业活力。

测试题 企业生命周期

3.成熟期的特征

成熟期的特征如下:企业资产达到一定规模后保持相对稳定,各种无形资产在资产配置中占有相当份额,资产结构趋于科学合理。企业树立了良好形象,市场占有率增高,盈利水平达到高峰。这一阶段企业管理的重点是:在趋于饱和的市场上保持稳定的市场份额,结合市场发展实际需求,稳步、有计划地开展创新。实践中,很多企业在成长期就被市场无情地淘汰了,能够进入成熟期的企业并不多且都是具有一定规模和实力的。在成熟期后期由于原有业务已经不能获得所期望的成长空间和绩效,所以追求持续成长的企业一般会在原有业务领域之外寻求新的增长点,将已获取的丰厚利润和自身优势资源投入新的业务领域,开展多元化经营,以获取新的成长空间。

4.衰退期的特征

衰退期的特征如下:企业虽有一定的资本、生产规模庞大、产品品种全面等优势,但企业仍存在资产负债率高、利润空间狭小甚至严重亏损的情况;同时,规章制度过多也会导致组织矛盾突出,降低企业运营效率。这一阶段企业管理的重点是:针对企业衰退的实际情况,重新审视经营战略,认真分析宏观环境、行业结构、资产结构等,积极开展组织创新、技术创新、产品创新,促进企业稳步转型。

表 2-1　企业生命周期分析

生命周期各阶段	初创期	成长期	成熟期	衰退期
企业阶段特征	产品尚未被全面接受,资金少,企业商业模式不是很清晰,存在高风险	产品开始被接受,企业竞争力提高,销售能力与盈利也有所增加	总体经济趋势与企业情况大致趋于稳定,销售收入、现金流量也趋于稳定	由于营商环境的变化或新技术的出现,因此,消费者偏好开始改变,产品市场需求减少

2.3.2　运营年分析

企业的发展历程要经历初创期、成长期、成熟期、衰退期四个阶段,每个阶段都会呈现不同的特点。企业要结合自身发展的实际情况来判断当前所处的生命周期,以保证企业的可持续发展。在 ERP 沙盘模拟中,企业会以 6 年作为运营年的时间安排,接下来我们将进一步探讨及分析企业在沙盘模拟中所展现的发展历程。

1. 模拟运营的初创期

模拟运营的初创期一般是企业运营的第一、第二年,这个阶段的主题是生存,即原始积累阶段。企业虽然组织和流程不正规,但成员高度团结,总经理可以施加对成员的影响并做出决策,因此,效率很高。企业面对的主要问题是市场和产品的创新。企业的经营目标一般为尽快实现收支平衡,争取正的现金流。处于初创期的企业承受风险的能力较差,一旦遇到经营危机很容易走向失败。初创期要有所行动,企业不能只是纸上谈兵和空想,要尽快实施企业战略和生产产品;要注意选单阶段不能马虎,产品虽然生产出来了,但是抢不到订单,也会导致企业破产。

2. 模拟运营的成长期

模拟运营的成长期一般是企业运营的第三、第四年,这时期的企业已经开始到达成长阶段,企业虽然已经掌握了一定的原始积累以及处于一个不断增长的趋势,但是依然面临战略不明、定位不准、管理不善、急功近利的危机。总经理需要继续带领成员做出正确的决策,慢慢摸索出适合企业自身发展的经营管理模式。成长期的企业要注重生产管理,减少不必要的费用,及时关注市场变化,所选的订单数量要跟上产品的生产进度,实现有效供给以及有效需求,使得企业收入水平明显提升、现金流增加、市场竞争力不断增强。

3. 模拟运营的成熟期

模拟运营的成熟期一般是企业运营的第五年,在经过成长期的艰苦历练之后,企业逐步进入稳定期,销售收入和现金流趋于稳定。企业虽然已经具有比较强的抗风险能力,但是经常会面临市场压力及企业组织和流程的僵化、流程运作困难、效率低下的困扰。总经理应将重心放在企业的经营目标上,注重战略管理,使得企业不断获取更高的利润来增加所有者权益。企业也要根据市场的变化及时对自身进行生产线、产品等生产管理的调整。在销售策略上,企业需要尽量扩大销售面从而提高整体的销售额,企业的每一个决策都应做到谨慎小心、面面俱到。

4. 模拟运营的衰退期

模拟运营的衰退期一般是企业运营的第六年,部分企业经过成熟期之后,会逐步进入衰退期。企业不再扩大产品的生产,销售额保持稳定甚至会因为竞争对手的成长而下降。企业的运营效率开始降低,产品利润空间变小。该时期企业可以通过购买厂房、生产线等方式增加企业有形、无形资产,实现利润与经营规模之间的平衡。总经理要带领团队成员做出正确的决策来稳定企业的未来发展。

2.4　熟悉 ERP 模拟流程 >>>

在 ERP 沙盘模拟中,我们要熟悉 ERP 在企业经营中的具体流程。企业经营模拟操作主要分为常规操作和应急操作。

1.常规操作

在常规操作中,模拟企业经营分为 6 个年度,每个年度分 4 个季度运行。每年运营流程包括年初运营、年中运营、年末运营,季度运营包括季初运营、季中运营、季末运营,如图 2-5 所示。每年每季度的基本操作流程相同,但每年每季的企业状态不同。对于初创团队来说,团队成员提前须知 ERP 整体运营环节,尽快对模拟企业进行调研、熟悉模拟企业的情况,其中包括企业股东期望、经营状况、财务状况、生产设施、产品与市场状况等,这对尽快地开展工作至关重要。

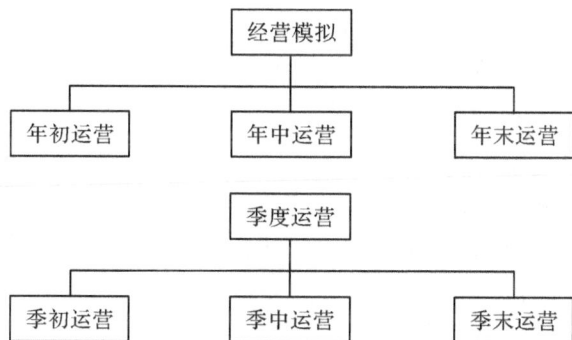

视频 熟悉 ERP 模拟流程

工具 模拟流程图

图 2-5　常规操作基本内容

2.应急操作

应急操作是由贴现、紧急采购、出售库存、厂房贴现、情报、订单信息和市场订单构成,如图 2-6 所示。应急操作是解决企业在运营过程中出现紧急情况时而存在的操作,主要是为了帮助企业达到生存目的,有效应对各种风险及意外的发生。

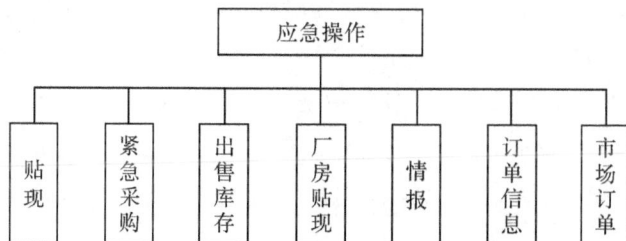

图 2-6　应急操作基本内容

2.4.1　年初运营

年初运营包括新年度的规划会议、广告投放、参加订货会选订单/登记订单、参加竞拍会

（一般是每隔三年进行一次竞拍会，具体视规则而定）和申请长期贷款。在年初运营中，企业前期需要对资金、市场、订单等进行整年的规划，后期则根据规划进行具体的选单、生产、贷款筹备资金等具体运营操作。此阶段的运营操作主要是获取订单及贷款，为一整年的运营带来销售收入及现金流。

2.4.2　年中运营

年中运营由 4 个季度的运营构成，每个季度运营由季初运营、季中运营、季末运营三个阶段构成。每个季度的基本流程、运营功能是相同的，但每个季度的企业状态却各有千秋，团队需要根据企业不同的状态做出具体决策。

1. 季初运营

季初运营包括当季开始、申请短贷、更新原材料操作等。此阶段需要完成季度前的准备工作，在 ERP 沙盘模拟系统中要先点击"当季开始"才能开始当季的运营，企业可根据需要选择是否申请短期贷款，更新原材料是采用货到付款的形式。季初运营是为了让企业把握好资金的投入来进行当季产品生产的管理。

2. 季中运营

季中运营包括订购原料、购租厂房、新建生产线、在建生产线、生产线转产、生产线出售、开始生产和应收款更新操作等。此阶段主要确定如何建生产线、生产什么产品、厂房如何选择、企业如何运作等问题，同时产品只能在季中运营阶段进行生产操作，此阶段是产品生产的唯一时间点。

3. 季末运营

季末运营包括按订单交货、厂房处理、产品研发、ISO 认证和市场开拓操作等。首先，此阶段需要确定有无订单以及是否还有订单没有完成交货；其次，此阶段需要确定开发哪些市场、研发哪些产品、争取哪些国际认证等。季末运营主要目的是完善市场工作和保障企业能够顺利长期经营。

2.4.3　年末运营

年末运营主要包括缴纳订单违约金、支付应付所得税、支付长期贷款本金和利息、更新长期贷款年限、支付设备维护费、计提折旧、新市场/ISO 认证更新操作等。在年末运营阶段，系统会自动支付管理费、违约金、设备维护费等，其中，长期贷款、市场开拓、ISO 认证等也会进行时间点的更新。此外，企业要完成资产负债表、利润表、综合费用表的填写，了解这一年的财务情况及掌握资本流转如何影响损益，解读企业经营的全局。

2.5　教学安排 >>>

本课程一般设置 16、32 或 48 个课时，每次课程以 4 课时为一个单位，以 32 课时为例，分为 8 个半天完成，一般分为四个阶段，即"1＋2＋2＋3"。第一个阶

工具　教学安排表

段是 1 个半天的 4 课时,先用 1～2 课时进行课程介绍,主要包括 ERP 沙盘模拟设计与 ERP 规则讲解,再利用剩余 2～3 课时让学生完成角色分配并尝试 ERP 沙盘模拟实践操作,快速进行 1～2 年的操作,让学生大致了解软件的基本情况。第二、第三阶段皆是 8 课时的模拟实践练习,让学生自主开始 ERP 模拟运营,制定战略并进行竞争对抗,运营时间可以为 5～6 年,让学生充分熟悉 ERP 经营模拟。教师在此期间主要充当裁判,进行点评指导,充分调动学生的积极性,让学生自主完成企业模拟运营并感悟运营的真谛。其间,教师进行针对性指导,前三阶段的具体表现作为平时成绩的主要依据。第四阶段是 12 课时的课程考核时间,主要进行小组 ERP 沙盘模拟竞技,运营时间为 5～6 年,企业各成员还需完成不同角色的运营报告。经过前几个阶段的模拟运营及战略调整,企业可以制定较为成熟的运营方案进行竞争对抗,竞技结束之后,教师通过软件得分汇总各企业的经营业绩作为期末成绩,并对各企业经营的成败因素进行分析与讲解。16 或 48 课时的课程则适当缩减或增加第二阶段的练习时间,具体的课时安排可根据上课学生人数及效果进行适当的调整。

在进行具体模拟运营时,教师需要控制整体的流程、时间进度以及公共信息的下发,保证各企业的公平竞争以及各企业下一步的生产策略、市场策略等运营策略的调整。每一年模拟运营的流程及时间节点基本相同,主要流程包含当年企业运营、发放当年情报、广告投放、查看广告、选单和竞单阶段。各阶段进行的时长是不等的,所进行的模拟运营内容也是不相同的。如表 2-2 所示,当年企业运营阶段包括提交三表,目的是给予各企业充足的时间制订方案与计划,完成当年的报表填写;发放当年情报信息阶段,主要是下发当年所有运营企业的报表信息,目的是帮助各企业了解自身及竞争对手当年的具体运营情况;在广告投放阶段,学生可以继续查看下载好的电子情报,目的是帮助各企业及时对竞争对手的产能及市场进行分析,决定当年的广告投放策略;查看广告投放阶段是查看所有运营企业的广告投放信息,决定具体订货会的选单策略;选单阶段则是具体的选单操作,根据订单情况及竞争对手的情况选择适合自己企业的订单;竞单阶段一般是在第三年和第六年进行,具体时间可由教师自行设定,竞拍会是获取订单的另一重要途径,企业需要根据自身产能条件及竞争情况进行具体操作。

工具 完整六年运营建议时间表

表 2-2　模拟运营一年时间安排计划

内容	时间/分钟	备注	说明
当年企业运营	50	包括提交三表	给予各企业充足的时间制订方案与计划及完成当年的报表填写
当年情报	10	查看当年三表及情报	帮助各企业了解竞争对手当年的运营情况
下一年广告投放	3	开始进行广告投放	完成广告投放工作
查看广告投放	10	查看各企业广告投放信息表	帮助各企业及时分析竞争对手下一年广告投放的情况
下一年选单	25	选单	各企业完成选单操作
下一年竞单	15	竞单	让各企业了解竞争过程,并完成竞单交易

教师在控制运营流程的同时,还需要对学生进行必要的引导,启发学生思考,当学生陷入困境时提供建议,并对关键环节、核心问题等进行解析和深入教学。最后,教师按照逐层递进的课程安排,引领学生进行重要知识点的学习和回顾,中途通过上台分享交流的方式让各企业派出代表来对 ERP 沙盘模拟进行总结分享,彼此交流经验并对学生给予鼓励与点评,让学生在 ERP 课程中强化管理知识、管理技能,全面提升学生的综合素质,将教学融理论与实践于一体,集角色扮演与岗位体验于一身,可以使学生在参与、体验中完成从知识到技能的转化,也让这门课程变得更加丰富、更有趣味。

第3章　ERP沙盘模拟运营规则

3.1　ERP沙盘模拟实训流程 >>>

有了初步的运营框架,准备好积极的心态后,我们就可以成立属于自己的企业,拥有自己的管理和决策团队,开始ERP沙盘实战模拟了。以ERP沙盘模拟课程为例,根据经营的先后顺序,我们把整个模拟经营过程分为12个部分。

1.企业基本情况掌握

对企业经营者来说,需要对企业有一个基本的了解,包括股东期望、企业类别、市场概况、产品及生产设施等,了解企业所处的运营环境。

2.企业运营规则学习

企业在一个开放的市场环境中生存,企业之间的竞争需要遵循一定的规则。综合考虑企业运营所涉猎的方方面面,简化为市场划分与准入,销售会议与订单获取,厂房购买、出售与租赁,生产设备购买、调整与维护,产品研发、生产与销售,原材料采购,质量认证,融资贷款,企业综合费用等规则。总经理需要组织成员认真学习,并将学习中遇到的问题记录下来,由教师进行答疑。

3.初始状态设定

ERP沙盘模拟是从创建企业开始,企业具有一定的初始资金。初始资金一般设置为1000K~1200K,通过初始资金的设定,使学生深刻地感受到财务数据与企业业务的直接相关性,理解财务数据是对企业运营情况的总结与提炼,为今后"透过财务看经营"做好观念上的准备。

4.确立经营目标

当学生对模拟企业所处的宏观经济环境和所在行业特性基本了解之后,各模拟企业就要依据自己对市场的理解,明确经营理念,设计组织结构,进行职能分工,并确立模拟经营的总体目标。

5.进行市场调研

各模拟企业根据自己对未来市场预测发展情报的需要,进行市场调研,分析竞争对手。

视频 ERP沙盘模拟实训流程概述

6.制定、调整战略

各企业本着长期利润最大化的原则,制定、调整企业战略,内容包括企业战略(大战略框架)、新产品开发战略、投资战略、新市场进入战略和竞争战略等。

7.拟订经营运作计划

各企业依据战略安排和订单情况以及市场订单的出货要求,拟订各项经营运作计划,主要包括:

(1)融资计划;

(2)生产计划;

(3)厂房设备投资计划;

(4)采购计划;

(5)产品、市场开发计划;

(6)市场营销计划。

8.根据经营计划配置内部资源

各企业依据生产经营计划进行固定资产投资、原材料采购、产品生产和销售等流程,为生产经营合理配置各项资源。

9.订单获取和进行市场竞争

依据竞争规则和模拟企业制定的营销方案,进行公平的市场竞争,市场竞争以竞标的形式出现,各企业的市场竞争力由每个企业在不同细分市场上的价格定位、广告投入、渠道规模、质量水平以及上一年某市场的销售收入决定。根据各企业广告投入及市场竞争力排名决定各企业选择订单的优先顺序,各企业依据自身的经营策略选择合适的订单。

10.业绩盘点

经营完成之后,各企业将自己的经营成果如实反映在报表上,作为业绩考核的依据,如交易记录表、综合费用表、利润表、资产负债表等。

11.召开期末总结会议

各企业在盘点经营业绩之后,围绕经营结果召开期末总结会议,认真反思本期各个经营环节的管理工作和策略安排,以及团队协作和计划执行的情况,总结经验,吸取教训,改进管理,提高学生对市场竞争的把握和对企业系统运营的认识,增强学生对企业运营管理的理解。期末总结之后,各企业总经理进行工作述职,以达到相互学习、共同提高的培训目的。

12.教师总评

在汇总各企业期末经营业绩之后,教师对各企业经营中的成败因素进行深入剖析,提出指导性的改进意见,并针对本期存在的共性问题进行高屋建瓴式的分析与讲解。最后,教师按照逐层递进的课程安排,引领学生进行重要知识点的学习和回顾。

总之,ERP沙盘模拟是全新的授课方式,学生是主体,教师是客体,担任裁判及教练的角色。学生通过运用学习到的管理知识亲自掌控模拟企业的经营决策,改进绩效管理,推动培训进程。教师根据需要对学生进行必要的引导,适时启发学生思考,当学生陷入经营困境时提出建议,并对培训中的核心问题进行解析。学生就是通过对模拟经营的自主完整体验,以及在对模拟企业管理成功与失败的反思与总结中,感受企业运营规律,感悟经营管理真谛。学生得到的不再是空洞乏味的概念、理论,而是极其宝贵的实践经验和深层次的领会与感悟。

3.2　基本运营规则 > > >

运营规则是 ERP 沙盘模拟的核心内容,是学生需要掌握的重要知识点。模拟运营的规则不是一成不变的,教师可根据课程需要及学生情况进行调整,灵活设置规则。本书介绍的是一套基本运营规则。

3.2.1　初始状态

1.财务状态

企业初始时,股东资本为 1000K,其中 K 为资金单位。

2.业务状态

市场上所需求的产品为 P 系列产品,分别为 P1、P2、P3、P4、P5 产品,如表 3-1 所示。

表 3-1　产品类型

产品属性	低端	中端	高端
产品	P1、P2	P3	P4、P5

3.2.2　经营规则

3.2.2.1　融资规则

系统中主要的融资方式为贷款,贷款分为长期贷款和短期贷款,具体规则如表 3-2 所示。

视频 贷款规则

表 3-2　贷款规则

贷款类型	贷款时间	贷款额度	贷款最长年限/年	年利率	还款方式
长期贷款	每年年初	所有长期贷款和短期贷款之和不能超过上年末所有者权益的80%	5	8%	年末付息,到期还本付息
短期贷款	每季度初		1	5%	到期一次性还本付息

1.贷款额度

长期贷款和短期贷款的总额度(包括已贷但未到还款期的贷款)为上年末所有者权益的80%,取整规则采用向下取整;长期贷款和短期贷款的申请额必须为大于等于 10K 的整数。

例 3-1

第一年所有者权益为 800K，已贷 4 年期长期贷款 506K（未申请短期贷款），则第二年可贷款总额度为：

$$800K \times 80\% - 506K = 134K$$

2. 贷款利息及还款

长期贷款每年年末必须支付利息，到期还本付息，贷款最长年限为 5 年。

短期贷款年限为 1 年，若某一季度有短期贷款需要归还，且同时还拥有贷款额度时，必须先归还到期的短期贷款，才能申请新的短期贷款。

最后一年运营结束时，不要求归还没有到期的各类贷款。

长、短期贷款利息取整规则采用四舍五入。短期贷款利息为当季到期短期贷款乘以利率，长期贷款利息是由长期贷款总额乘以利率得出。

例 3-2

当季到期的短期贷款 210K，则利息为：

$$210K \times 5\% = 10.5K$$，取整后，实际支付利息为 11K。

若第一年申请 504K 长期贷款，第二年申请 204K 长期贷款，则第二年年末所需要支付的长期贷款利息为：

$$(504K + 204K) \times 8\% = 56.64K$$，取整后，实际支付利息为 57K。

3. 贷款技巧

企业运营最好采取组合贷款的方式，即长期贷款与短期贷款相结合的贷款方式，通过这种灵活的贷款方式可以减轻企业的运营压力。

视频 贷款技巧

例 3-3

第一年第一季申请 100K 短期贷款，第一年第三季申请 200K 短期贷款；若第二年年初申请 300K 长期贷款，则第二年的长期贷款金额就可以还清第一年的短期贷款。

可以在最后一年将剩余贷款额度全部以短期贷款的形式贷出，这样在最后一年就可以有充足的运营资金并且没有还款压力和贷款利息。

在贷款时要注意不要一次性贷金额过高的短期贷款，可以将贷款金额分两次或多次贷出，以免给下一年造成过大的还款压力。

根据贷款利息四舍五入的取整规则，可以通过优化贷款方案来减少利息支出。

例 3-4

若第一年第三季申请 210K 短期贷款,则第二年第三季应还:

利息:210K×5‰＝10.5K,取整后为 11K。

本金:210K。

若改为第一年第三季申请 209K 短期贷款,则第二年第三季应还:

利息:209K×5‰＝10.45K,取整后为 10K。

本金:209K。

优化后的贷款方案可在尽可能多贷款的情况下,节约 1K 的利息费用。

3.2.2.2 生产规则

1.厂房规则

厂房是生产的基础,用以容纳生产线,不同类型的厂房有容量、费用的差别,具体规则如表 3-3 所示。

表 3-3 厂房规则

厂房类型	可建设的最大生产线容量/条	购买费用	每年租用费用
大厂房	4	440K	44K
中厂房	3	300K	30K
小厂房	2	180K	18K

(1)购买或租用厂房

购买或租用厂房可以在任何季度进行。购买厂房,需要按购买价立即全额支付;租用厂房需要立即支付租金,租金以年为单位缴纳。厂房使用可以任意组合,但总数不能超过 4 个。

(2)厂房处理

①出售:厂房出售后,获得厂房购买价的应收款(账期为 4 个季度)。

②买转租:出售厂房时,厂房内若有生产线的情况下,则在获得厂房购买价的应收款(账期为 4 个季度)的同时,自动做租用厂房处理,租金立即支付。

③退租:厂房退租必须是厂房中没有生产线。租约到期如果没有选择"租转买"或"退租",系统就会自动做续租处理,租金在"当季结束"时和"行政管理费"一并扣除。

④租转买:购买原本租用的厂房,需要按购买价立即全额支付。

⑤厂房贴现:厂房贴现视同出售厂房并将 4 季应收款进行贴现。若厂房中有生产线,则系统会自动做租用厂房处理,租金立即支付。

（3）购买/租用厂房的利弊

购买厂房的优势是现金可以转换为固定资产，但缺点是现金量太大，变化成本高（如买转租）。租用厂房的优势是租金的金额较小并且变化成本低（如租转买），不过，租金会减少所有者权益。企业在具体选择时要考虑现金以及整体战略。

视频 厂房选择利弊

（4）厂房选择的技巧

考虑整体6年的运营战略，即6年总共预计建设多少条生产线，从而选择最佳厂房配置方案。

例 3-5

如果企业预计在6年内最多建设16条生产线，那么可以选择建设4个大厂房；如果企业预计在6年内最多建设12条生产线，那么有多种厂房配置方案：

①建设4个中厂房（300K×4=1200K）

②建设1个大厂房、2个中厂房、1个小厂房（440K+300K×2+180K=1220K）

③建设2个大厂房、2个小厂房（440K×2+180K×2=1240K）

综合比较三种方案后，总成本最低的为方案①。

根据第一年的生产线情况选择厂房。如果企业第一年建设4条生产线，那么可以选择一个大厂房或两个小厂房，同理，建设3条生产线选择中厂房，2条生产线建设小厂房，这样的选择可以有效提高生产线的利用率。尽量降低单条生产线的容纳成本，具体容纳成本如表3-4所示。

视频 厂房使用技巧

表 3-4　厂房容纳成本

厂房类型	购买的单条生产线容纳成本	租用的单条生产线容纳成本
大厂房	110K	11K
中厂房	100K	10K
小厂房	90K	9K

已购买的厂房，在出现资金不足时，可先买转租，根据实际情况进行4季应收款贴现。租用厂房且现金充足，可在当年租金扣除前租转买。为保障第二年有充足的运营资金，可在第一年购买厂房，从而不会减少所有者权益，然后在第二年年初贷款后对厂房进行买转租。

2. 生产线规则

生产线是生产产品的直接设备，不同类型的生产线在安装、生产、费用等方面皆有差异，具体规则如表3-5所示。

表 3-5 生产线基本规则

生产线类型	购置费	安装周期/季	生产周期/季	总转产费	转产周期/季	每年维护费	残值
手工线	35K	0	3	0	0	5K	5K
半自动线	50K	1	2	20K	1	10K	10K
自动线	150K	3	1	20K	1	20K	30K
柔性线	200K	4	1	0	0	20K	40K

(1)生产线新建

必须在厂房有空余容量的情况下,才可进行生产线新建。

新建生产线时,需选择厂房、生产线的类型、生产产品的类型。

生产线的安装要看其具体的安装周期,投资需要分期投入,0 代表即刻完成,待最后一期安装费用投入后,必须到下一季度开始才算安装完成,才允许投入使用。

(2)生产线转产、生产和出售

只有已经建成且空闲的生产线方可转产、生产和出售。

产品类型一经确定,生产线所生产的产品便不能更换,如需更换,须在建成后,进行转产处理,转产处理的具体费用及周期详见具体规则参数。

生产产品的速度只与生产线的类型有关,与产品本身类型无关,生产线与产品可以任意组合。

每条生产线一个生产周期只能生产一个产品。

无论生产线净值多少,出售生产线时按生产线残值出售,净值与残值之差计入综合费用表中的"损失"。

(3)生产线维护

当年建成的生产线年末需要缴纳维护费。

已出售的生产线和在建的生产线无须缴纳维护费。

视频 生产线折旧规则

(4)生产线折旧

建成的生产线第二年开始折旧,购置费减去累计折旧等于净值,当净值等于残值时,生产线不再计提折旧,但可以继续使用,具体规则如表 3-6 所示。

表 3-6 生产线折旧规则

生产线类型	购置费	残值	建成第一年折旧	建成第二年折旧	建成第三年折旧	建成第四年折旧	建成第五年折旧
手工线	35K	5K	0	10K	10K	10K	0
半自动线	50K	10K	0	10K	10K	10K	10K
自动线	150K	30K	0	30K	30K	30K	30K
柔性线	200K	40K	0	40K	40K	40K	40K

（5）生产线使用技巧

一般而言，企业运营具有目标导向性且不会轻易变动，因此，生产线在考虑性价比及企业生产规模等基础上，较多地选择自动线，较少地选择柔性线、手工线，主要是利用柔性线和手工线转产的便捷性特点来增加企业的灵活性。

在资金不充裕且手工线和半自动线性价比较高时，可在第一年优先进行建设，等到资金宽裕且生产线计提折旧较多时，再将手工线或半自动线进行出售，改为自动线或柔性线，以此来节约费用、提高产能。

生产线需要根据企业所采取的战略来进行选择，善于利用"当年建成的生产线年末需要缴纳维护费"这条规则。控制生产线安装进度，让生产线在年初建成，以此来节约生产线的维护费和折旧费。

3.产品规则

企业只有完成产品研发后，才能获得产品生产资格，进行生产。产品研发需要分期投入研发费用，具体规则如表3-7所示。

表 3-7　产品研发规则

产品类型	单季研发费用	研发费用总额	研发周期/季	单个加工费	单个直接成本	产品组成
P1	10K	20K	2	5K	25K	R1＋R3
P2	10K	30K	3	5K	35K	R2＋R4
P3	10K	40K	4	5K	45K	R1＋R3＋R4
P4	11K	55K	5	10K	60K	P1＋R2＋R3
P5	12K	72K	6	10K	70K	P2＋R1＋R4

注：R为原材料。

（1）产品研发规则

不同产品的研发周期和研发费用总额不同。研发费用需要分期投入而不是一次性投入完毕。

研发周期结束的下一个季度才可获得生产资格，产品的研发可以中断或者终止，但不允许超前或一次性投入。已投资的研发费虽不能回收，但永久有效。

产品研发没有完成，无法进行产品生产。

（2）紧急采购产品规则

紧急采购时，产品购买价格是产品直接成本的3倍。

紧急采购价格与直接成本之差计入综合费用表中的"损失"。

例 3-6

紧急采购 1 个 P1,若 P1 的直接成本为 25K,则紧急采购价格为:
$$3×25K=75K$$
损失为紧急采购价格与直接成本之差,即:
$$75K-25K=50K$$
因此,紧急采购 1 个 P1 损失 50K。

(3)出售产品库存规则

产品折价率为 100%,即出售产品库存按产品的直接成本价计算。

例 3-7

P2 的直接成本为 35K,则直接出售 P2 库存的价格为:
$$1×35K=35K$$
注:出售产品库存没有损失,但失去了正常售出、赚取利润的机会。

(4)产品研发技巧

由于资金的限制,不能对所有的产品进行研发,因此可以选择一些产品组合研发,如 P1+P4、P2+P5。

在企业经营后期资金充足、所有者权益较高的情况下,企业可以将所有的产品都研发完成,以此来提高总分,获得更大的竞争优势。

4.原材料规则

原材料是生产产品的重要原料,不同类型的原材料购买价格及提前期有所差异,具体规则如表 3-8 所示。

视频 原材料规则

表 3-8　原材料采购规则

原材料类型	单个购买价格	提前期/季
R1	5K	1
R2	10K	1
R3	15K	2
R4	20K	2

(1)原材料采购规则

原材料根据提前期的规定,需要提前下原材料订单,没有下订单的原材料不能采购入库。

所有预订的原材料到库必须全额支付货款。

原材料下单时,要计算不同原材料的提前期,尽量不囤货并且尽可能地按照生产的需求进行采购。

(2)原材料紧急采购规则

紧急采购时,原材料价格是正常购买价格的 2 倍。

紧急采购价格与原材料正常购买价格之差计入综合费用表中的"损失"。

例 3-8

紧急采购 1 个 R1 原材料,若正常购买价格为 5K,则紧急采购价格为:

$$2 \times 5K = 10K$$

损失为紧急采购价格与正常购买价格之差,即:

$$10K - 5K = 5K$$

因此,紧急采购 1 个 R1 原材料损失 5K。

(3)出售原材料库存规则

原材料折价率为 80%,即出售原材料按正常购买价格的 80% 计算。

原材料正常购买价格与出售价格之差计入综合费用表中的"损失"。

例 3-9

若 R2 原材料的正常购买价格为 10K,则直接出售 R2 原材料库存的价格为:

$$10K \times 80\% = 8K$$

损失为原材料正常购买价格与出售价格之差,即:

$$10K - 8K = 2K。$$

因此,出售 1 个 R2 原材料损失 2K。

5. 生产规则

产品生产需要原材料及加工费,不同产品的原材料组成、加工费、直接成本各有不同,具体规则如表 3-9 所示。

视频 生产规则

表 3-9　生产规则

产品组成	单个加工费	单个直接成本
P1＝R1＋R3	5K	25K
P2＝R2＋R4	5K	35K
P3＝R1＋R3＋R4	5K	45K
P4＝P1＋R2＋R3	10K	60K
P5＝P2＋R1＋R4	10K	70K

进行产品生产时,各种生产准备工作应在同一时间点完成。企业应做好厂房、生产线、生产资格、原材料、加工费在时间上的安排与衔接。

产品生产尽量满足市场订单需求,以此对原材料采购、生产线的建设及时做出调整。尽量做到原材料、产品都不囤货,生产线不停产。企业应提高设备利用率、资金周转程度,抢占市场先机,取得经营上的成功。

3.2.2.3　市场规则

1.市场开拓规则

市场开拓是获取订单的前提,不同的市场开拓费用及时间皆有不同,具体规则如表 3-10 所示。

表 3-10　市场开拓规则

市场类型	每年开拓费用	开拓年限/年	开拓费用总额
本地	10K	1	10K
区域	10K	1	10K
国内	10K	2	20K
亚洲	10K	3	30K
国际	10K	4	40K

(1)市场开拓规则

每个市场的开拓费用以年为单位进行投入,只有在每年第四季度才可以操作,可以同时开拓多个市场,完成开拓后的市场永久有效。

开拓费用要分期投入,不允许超前或一次性投入,市场开拓可以中断或终止。已投资的开拓费虽不能回收,但永久有效。市场开拓没有完成,不允许在该市场投放广告。

(2)市场开拓技巧

针对 6 年运营的企业而言,排除企业目标产品在该市场无需求的情况,建议企业开拓全部市场。运营 6 年意味着,企业有足够的时间来进行市场开拓,此外还可以增加订单的选择机会和提高企业整体综合发展潜力。

2.资格认证

只有拥有资格认证的企业才能在订货会或竞拍会中获取有资格认证要求的订单,具体规则如表 3-11 所示。

表 3-11　ISO 认证规则

认证类型	每年认证费用	认证年限/年	认证费用总额
ISO 9000	10K	2	20K
ISO 14000	10K	3	30K

（1）资格认证规则

只有在每年第四季度才可以操作，可同时进行两个ISO认证。

资格认证费用要分期投入，不允许超前或一次性投入，可以中断或终止。

已投资的认证费虽不能回收，但永久有效。资格认证没有完成，不允许选择有该资格认证要求的订单。

视频 资格认证规则

（2）资格认证技巧

排除企业目标产品未来几年无资格认证要求的情况，企业应适时开拓两类ISO认证，不仅可以增加订单的选择机会，还可以提高企业综合发展潜力。

3.订货会规则

（1）广告规则

只有在每年年初才能投放广告，广告费用当年有效。

每个市场按产品类型进行细分，广告可投放于每个细分市场，广告投放额须为正整数，广告投放后方可参加订货会。

视频 广告规则

例 3-10

在某个细分市场上投放10K（最小得单广告额）广告费，理论上将获得该细分市场的一次选单机会，此后每增加20K（最小得单广告额的2倍）广告费，理论上增加了一次选单机会，第二次选单机会必须在所有企业把第一次选单机会用完以后才可以使用，以此类推，实际选单总次数则由该细分市场订单总数及竞争情况决定。

注：①广告投放额可以为11K、12K、13K……

②若广告投放额小于10K，则无选单机会，但系统仍会扣除广告费，对计算市场广告额有效。

（2）广告投放技巧

企业要对市场上的订单进行详细分析，了解顾客需求；通过各种侧面信息推测竞争情况；对自身的产能做到了如指掌，从而合理地进行广告投放。

企业应理性看待订单，不要选择高于自身产能的订单。

企业应观察、分析对手的广告投放规律，进行合理的竞争、规避或压制。

视频 广告投放技巧

（3）选单规则

当所有企业投放广告后，进入订货会进行选单，每个细分市场的选单顺序如下：

①选单时首先按当年本市场本产品广告额投放大小顺序依次选单。

②如果两家企业在细分市场中投放的广告额相同，则根据本市场广告总额投放大小顺序依次选单。

视频 订货会规则

③如果本市场广告总额也相同,则根据上一年度本市场销售排名高低顺序依次选单。

④如仍无法决定,则根据投放广告时间先后顺序依次选单。

(4)订货会规则

第一年无订货会,订货会从第二年年初开始,每年皆会举办。

订货会开展时,两个市场可同时进行选单。

企业选单需在系统规定时间(以倒计时"秒"的形式显示)内完成,否则视为放弃。

必须为选单留足时间,如在倒计时小于等于5秒再提交,也可能因来不及提交成功而视为放弃。

在某细分市场(如本地P1)有多次选单机会,企业只要放弃一次,就视为放弃该细分市场剩余所有的选单机会;在规定时间内未选单,也视为放弃。

视频 市场老大

(5)选单技巧

企业应提前统计好每个季度的生产和产品库存信息。

首先,企业应考虑交货期为4季的订单,可以有较长的准备时间,为选择其他订单留有余地;其次,企业应考虑订单产品数量,保证产品销量,尽量做到零库存;再次,企业应考虑产品单价,提高企业利润空间。若企业资金紧张,可优先考虑账期更短的订单,以此来获得流动资金。

视频 选单技巧

4.竞拍规则

在第三年和第六年订货会后,召开竞拍会。系统每回合一次性发放3张订单同时进行竞拍。订单标明了订单编号、市场类型、产品类型、产品数量、ISO认证要求等信息,而订单总价、交货期、账期三项内容为空。竞拍会相关要求说明如下:

(1)竞拍资质

参与竞拍的企业需要有相应市场、ISO认证的资质,无须有生产资格。

竞拍成功的企业需为该订单支付竞拍费并计入广告费,竞拍费为最小得单广告额,未竞拍成功的企业无须支付费用。

视频 竞拍规则

如果(已竞得单数+本次同时竞拍数)×最小得单广告额>现金余额,企业就不能再参与竞拍,即必须有一定现金余额作为保证金。

例 3-11

最小得单广告额为10K,若同时竞拍3张订单,某企业现金余额为54K,且已经竞得3张订单,即:

$$(3+3) \times 10K > 54K$$

则该企业不能再参与竞拍。

注:同理可得,若刚参加竞拍会,则该企业至少需要有30K现金余额才可参与竞拍。

为防止恶意竞拍,系统会对竞得订单张数进行限制,如果某企业[已竞得订单张数＞ROUND(3×该年竞拍总张数÷经营中的企业数)],就不能继续竞拍。

注:

ROUND 表示四舍五入;

破产企业不得参加竞拍;

如果某一张订单所有的企业都参加了竞拍,无须等时间结束,就可以直接给出结果。

(2)竞拍规则

参与竞拍的企业须根据所竞拍的订单,在系统规定时间(以倒计时"秒"的形式显示)内填写订单总价、交货期、账期三项内容,确认后由系统按照以下公式计算各企业得分:

$$得分=100+(5-交货期)\times 2+账期-\frac{8\times 订单总价}{该产品直接成本\times 数量}$$

注:

总价不能低于成本价,也不能高于成本价的 3 倍;交货期在 1～4 季;账期为 0 季(立即到账)到 4 季;

系统以得分最高者竞拍成功,如果计算分数相同,则以先提交时间者竞拍成功;

企业必须为竞拍留足时间,如在倒计时小于等于 5 秒再提交,则可能会无效;

竞拍会竞得的订单与订货会选中的订单,完成交单后同样计入当年市场销售额。

(3)竞拍技巧

企业应观察分析竞争对手订货会的情况,在第一单竞拍时,用最高价格试探其他企业。

企业可以在计算违约成本和利润后考虑竞拍换单(放弃已选择的订货会订单,用竞拍会订单替换)。

视频 竞拍技巧

企业可在关键时期用低价挤压对手,抢走订单,虽然自身也有一定的损失,但对手的损失会更大。

5.交货规则

在订货会和竞拍会中获得的订单,需要在规定时间内完成订单交货,订单信息如图 3-1所示。

编号	运营年	市场	产品	数量	总价	ISO要求	交货期	账期
D4361	4	本地	P1	1	55K	-	1季	1季
D4362	4	本地	P1	1	60K	9	3季	1季

图 3-1 订单信息

(1)交货规则

一个订单必须全部交货,不可分批交货。订单交货只可提前不可推后,否则记作订单违约。

视频 交货规则

例 3-12

某订单显示交货期为 3 季,则可在当年第一、第二或第三季度进行订单交货,不可推迟,否则记作订单违约,年底需缴纳违约金。

订单交货后可获得对应账期的应收款,从实际交货时间开始计算账期,应收款收回由系统自动完成。

例 3-13

某订单显示交货期为 3 季、账期为 2 季,若当年第二季度完成订单交货,则第二季度即获得 2 季度的应收款,第四季度即可收到货款。

(2)交货技巧

优先将交货期靠前或账期短的订单进行交货,以免违约并加速现金流转。

若企业无法完成交货,则可以计算订单违约成本与紧急采购两者的损失,选择损失较小的一种方式进行处理。

视频 交货技巧

(3)贴现规则

企业若需提前收回应收款可进行应收款贴现,并支付贴息(取整规则采用向上取整),贴息记入利润表中的"财务费用"。

企业贴息由账期长短以及贴现金额决定,具体规则如表 3-12 所示。

表 3-12　贴现规则

类型	时间	额度	利率	贴息方式
资金贴现	任何时间	视应收款额而定	5%(1 季,2 季) 10%(3 季,4 季)	变现时贴息,可对 1,2 季应收款联合贴现(3,4 季同理)

例 3-14

贴现 2 季账期的 102K 应收款,贴息为:

$$102K \times 5\% = 5.1K,向上取整得 6K$$

实际收到现金为 $102K - 6K = 96K$。

注:贴息计算刚好为整数能保证在支付最低贴息的基础上,获得较大的现金,对企业而言最佳。

6.违约规则

违约订单不计入当年销售额,并按违约订单总价的20%计算违约金,取整规则采用四舍五入,并在当年结束时扣除,违约金记入综合费用表中的"损失"。

例 3-15

某企业的订单违约情况,如图 3-2 所示,则缴纳的违约金分别为:

$$124K \times 20\% = 24.8K,取整得 25K$$
$$423K \times 20\% = 84.6K,取整得 85K$$

合计为 25K+85K=110K。

编号	市场	产品	数量	总价	状态	得单年份	ISO要求	交货期	账期	交货时间
D3146	本地	P1	2	124K	违约	第3年	-	2季	2季	-
D3310	本地	P4	2	280K	已交单	第3年	-	4季	2季	第3年4季
D3311	本地	P4	3	423K	违约	第3年	-	2季	2季	-

图 3-2 订单交货信息

3.2.3 其他规则

1.情报规则

(1)情报规则

情报功能允许每家企业在运营的任何时间段获得任意一家企业的情报信息。

每年运营中,每组信息费为 1K/次,即交 1K 可以查看一家企业的运营信息,交费队伍以 Excel 表格形式获得某一家企业的详细信息。不过,竞拍会时无法使用情报功能。

同一赛区所有企业年末运营结束时,各企业可以免费查看同一赛区企业的运营情报。

(2)情报使用技巧

在第一次参加订货会时,密切关注有哪些企业与本企业处在相同的细分市场,并观察这些企业的产能、广告投放策略是否与本企业一致,这样的企业就是本企业的主要竞争对手。

企业的竞争情报包括竞争对手的生产线、厂房、市场开拓、资金等详细的运营信息。企业得到竞争对手的信息后,要着重分析对手的产能、市场以及未来的发展方向等,并与自身的规划进行对比,制定具有针对性的对抗策略。

2. 税金规则

（1）税金规则

当企业盈利且超过初始的所有者权益时，每年需要对当年企业所盈利的部分征收 25% 的所得税。

所得税在年末缴纳，取整规则采用四舍五入。

视频 所得税
规则

例 3-16

企业初始所有者权益为 1000K，第一年亏损 200K，所有者权益降到 800K，不需要缴纳所得税。

第二年盈利 260K，所有者权益变为 1060K，真正盈利部分为：1060K－1000K＝60K，需缴纳的所得税为：60K×25%＝15K。

第三年盈利 200K，所有者权益变为 1260K，当年所盈利的部分为 200K，需缴纳的所得税为：200K×25%＝50K。

（2）所得税技巧

通过增加符合企业规划的合理支出来降低当年的盈利，从而减少当年的所得税，如新建生产线、产品研发、市场开拓等。

视频 所得税
技巧

3. 运营重要参数

运营规则的其他重要参数，如表 3-13 所示。

表 3-13　重要参数信息

参数	值	参数	值
管理费	10K	报表填错扣分	50 分
选单时间	50 秒	首位选单补时	20 秒
市场同开数量	2 个	市场老大	无
竞单时间	90 秒	竞单同竞数	3 个
违约金比例	20%	最小得单广告额	10K

注：

每年每季度运营结束时，需要扣除 10K 管理费；

所得税在年末结束时扣除；

每年报表只要有错误，无论错误个数有多少一律扣掉 50 分。

视频 管理费用
规则

4. 运营取整规则

订单违约金——四舍五入；

库存出售所得现金——四舍五入；

贴现费用——向上取整；

所得税——四舍五入；

贷款总额度——向下取整；

长、短期贷款利息——四舍五入。

5.破产规则

当所有者权益为负(指当年结束系统生成资产负债表时的所有者权益为负)或现金流断流时(现金为负)，企业破产。

破产的企业不能继续运营。在实际教学过程中，教师可通过注资等方式使破产小组继续运营，但小组的最终成绩将另行处理。

视频 破产规则

3.3 ERP 沙盘模拟成绩评定标准 >>>

ERP 沙盘模拟成绩评定标准是引导竞争的核心，因此要在 ERP 沙盘模拟中获得比较好的成绩必须研究透成绩评定标准。ERP 沙盘模拟成绩是评定完成预先规定的经营年限的最后一年的分数，将根据各小组的最后权益、生产能力、资源状态等进行综合评分，分数高者为优胜。总分计算公式为：

$$系统分数 = 所有者权益 \times \left(1 + \frac{\sum 企业综合发展潜力}{100}\right)$$

最终所有者权益可以根据财务报表计算出来，企业综合发展潜力为表 3-14 中各项得分之和。

视频 成绩评定标准

表 3-14　企业综合发展潜力明细

项目	企业综合发展潜力
单个小厂房	3
单个中厂房	5
单个大厂房	7
单条半自动线	2
单条自动线	4
单条柔性线	6
国内市场开发	6
亚洲市场开发	8
国际市场开发	10
P1 开发	2
P2 开发	4

续表

项 目	企业综合发展潜力
P3 开发	6
P4 开发	8
P5 开发	10
ISO 9000	5
ISO 14000	8

注：

仅购买的厂房可加分，租用的厂房不加分；

生产线只要建成就可加分，无须生产出产品，也无须有在制品；

如有若干小组分数相同，则参照各小组经营结束后的最终所有者权益排序，所有者权益更高者排名在前，若所有者权益仍相等，则按照经营结束时间排序，先结束经营的小组排名在前；

罚分可以由裁判根据定好的规则进行裁决，一般会被罚分的情况主要有：报表是否准确、每年运营结束是否及时、广告投放是否及时、盘面与系统数据是否一致、是否有影响比赛的不良行为等。

第4章 ERP沙盘模拟系统学生端操作

4.1 系统简介 > > >

ERP沙盘模拟系统(又名企业经营沙盘模拟系统)的基本设计思路是采用仿真模拟,让学生了解企业经营管理中各环节的决策流程,理解企业经营管理中的物流、资金流和信息流的协同。其核心不再是把教师掌握的现有知识传递给学生作为追求目标,而是让学生自己动手主动了解企业建立、市场及行业的情景分析,以达到熟悉企业经营各项流程的学习目标。系统有效地解决了传统教学理论与实践相脱离的问题。ERP沙盘模拟系统采用ASP.NET技术、分层结构开发,系统后台数据设置灵活,教师可以根据需要设置模拟实验参数,以改变不同环境下的模拟要求。系统提供了当前典型的市场需求环境,可进行产品、生产线、厂房的选择和产品销售的模拟、演练。其中,数据的量化充满了竞争性和互动性,灵活的后台控制能力、寓教于乐的开发设计是本系统的最大特色。

视频 企业经营沙盘模拟系统简介

ERP沙盘模拟系统分为管理员、教师、学生三种角色子系统。管理员可以创建教师账号。教师可以设置不同的任务、比赛的队伍数量、市场需求数据、企业经营规则等信息。学生可以根据市场需求情况,制定企业的发展战略,选择合适的市场、产品、厂房、生产线和订单,并进行销售,最终达到企业利润最大化的目标。最后,系统可以生成总评成绩与企业排名,教师可以结合总评成绩与排名结果,总结学生在经营过程中成功与失败的经验。系统主要由企业设立、环境分析、市场产品及资格认证、固定资产购买、产品生产与销售等功能模块组成。系统采用B/S架构模式开发,客户端只需要在服务器上安装完毕,学生端就可以通过浏览器访问的形式进行模拟训练。

4.2 学生端操作概述 > > >

学生端操作主要由信息查询、常规操作、应急操作及其他功能四大模块组成,如图4-1所示。

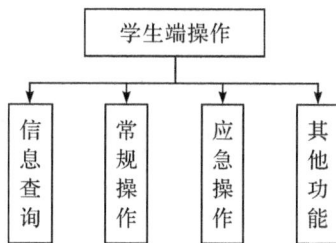

图 4-1　学生端操作框架

1.信息查询

学生端可以查询该账号下企业的实时信息,包括企业基本信息、财务信息、研发认证信息、采购库存信息等。实时信息有利于学生掌握企业的真实情况并做出正确的决策。

2.常规操作

企业运营以年为单位,每年的运营流程包括年初运营、年中运营和年末运营。其中,年中运营又分 4 个季度运行,每季度的基本操作流程相同,如图 4-2 所示。

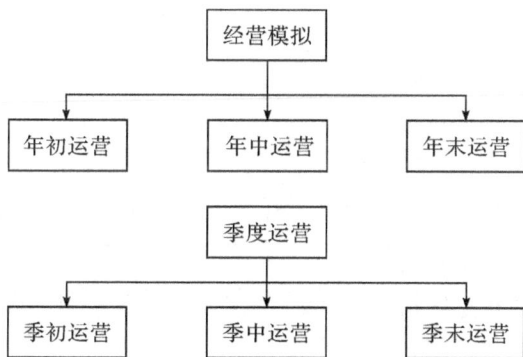

图 4-2　学生端常规操作

企业年初运营从点击"当年开始"后开始,包括投放广告、参加订货会、参加竞拍会、申请长期贷款,年初操作流程,如图 4-3 所示。其中,投放广告、参加订货会是从第二年开始,参加竞拍会发生在第三年和第六年。

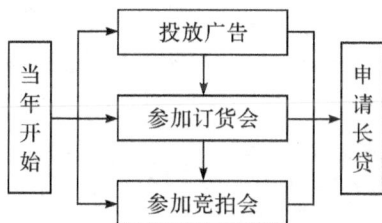

图 4-3　年初操作流程

工具　年初操作
流程图

企业季初运营从点击"当季开始"后开始,包括申请短贷和更新原料库。季初操作流程,如图 4-4 所示。

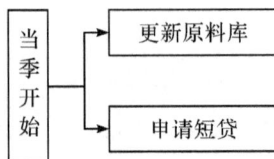

图 4-4 季初操作流程

企业季中运营是从点击"更新原料库"后开始，包括生产线的转产、出售和生产，下原料订单，新建生产线，在建生产线，购置厂房及应收款更新。季中操作流程，如图 4-5 所示。

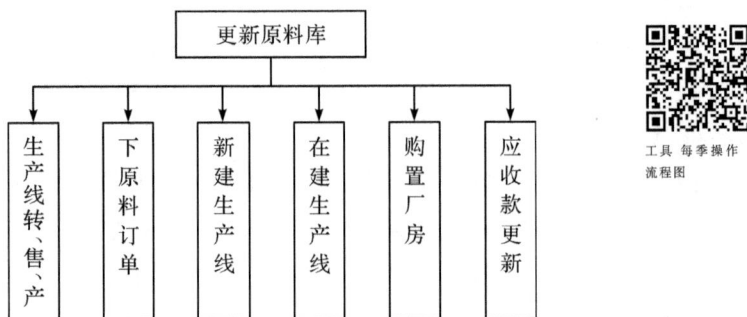

工具 每季操作
流程图

图 4-5 季中操作流程

企业季末运营是从点击"应收款更新"后开始，包括订单交货、产品研发、厂房处理，在每年的第四季度还增加了 ISO 认证和市场开拓操作。季末操作流程，如图 4-6 所示。

企业年末运营是从点击"当年结束"后开始，需要支付各种费用，如订单违约金、厂房租金、生产维护费、行政管理费及应付所得税等；每年结束后还要填写综合费用表、利润表以及资产负债表。年末操作流程，如图 4-7 所示。

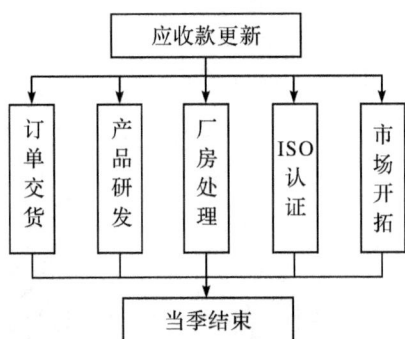

图 4-6 季末操作流程

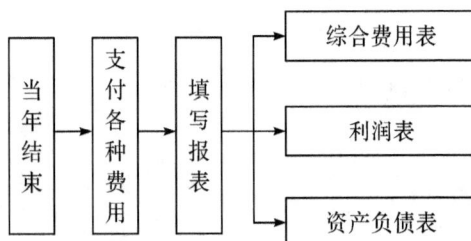

图 4-7 年末操作流程

3.应急操作

应急操作主要包括贴现、紧急采购、出售库存、厂房贴现、情报、订单信息和市场订单等,如图4-8 所示。

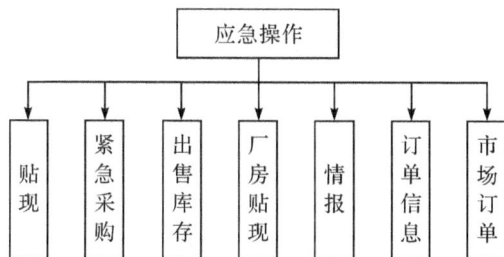

图 4-8　应急操作流程

4.其他功能

其他功能主要包括系统针对账号管理方面的一些功能,如修改信息、修改密码等。

4.3　学生端主界面 >>>

1.学生端左侧信息栏

左侧信息栏中包括:用户信息、财务信息、研发认证信息和采购库存信息,如图 4-9 所示。

视频 学生端左侧信息栏

用户信息:主要包括用户名、运营时间、运营状态和企业潜力值。

财务信息:主要包括当前现金、应收账款、长贷总额、短贷总额和股东注资。经费会根据运营的情况而变化。

研发认证信息:主要包括市场准入资格、生产资格、ISO 资格,以及市场开拓、产品研发、ISO 认证的详细进度。研发认证信息会根据运营的情况而变化。

采购库存信息:主要包括各类产品已生产的数量和在途、已到库的原材料数量。采购库存信息会根据运营的情况而变化。

研发认证和采购库存信息的右上角有下拉箭

图 4-9　左侧信息栏展示界面

头,点下拉箭头可以查看详细信息。

2.企业经营的常规操作流程

企业经营的常规操作流程需按其规定的顺序完成,将在"4.4 学生端详细操作"的"常规操作流程"中做详细介绍,如图 4-10 所示。

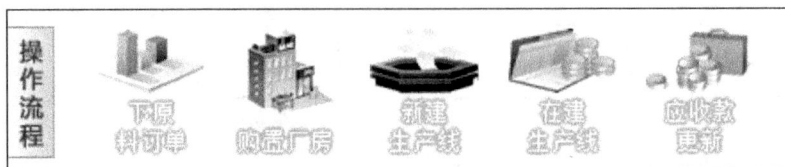

图 4-10　操作流程

3.应急操作

应急操作在经营的任意时间皆可进行,主要是帮助学生应对企业的突发情况,将在"4.4 学生端详细操作"的"应急操作"中做详细介绍,如图 4-11 所示。

图 4-11　应急界面

4.其他功能

企业经营沙盘模拟系统还提供了规则说明、修改信息、修改密码的功能,将在"4.4 学生端详细操作"的"信息确认"中做详细介绍,如图 4-12 所示。

图 4-12　其他功能

4.4　学生端详细操作 > >>

1.信息确认

学生登录系统后首先要对自己的企业进行相应的信息注册并确认市场及规则信息。

(1)企业信息注册

学生在登录系统后,所需要做的第一件事就是注册自己的企业信息,主要包括:各管理岗位的人员定岗、账号密码的修改,如图 4-13、图 4-14 所示。

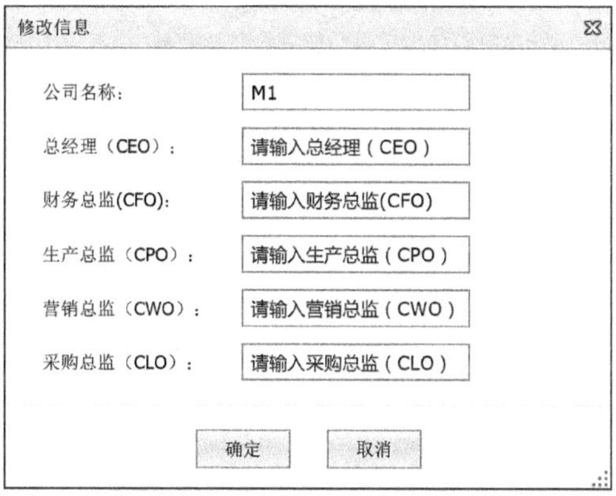

图 4-13　企业信息

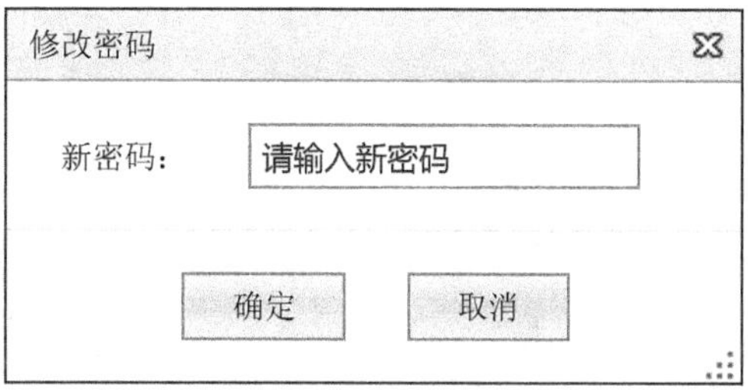

图 4-14　修改密码

(2)市场订单

在做企业营销战略决策的时候,决策者需要清楚地了解相应市场的产品需求信息。系统中提供了未来运营年的订货会订单和竞拍会订单信息,各企业可通过"市场订单"进行相应的查询,如图 4-15 所示。

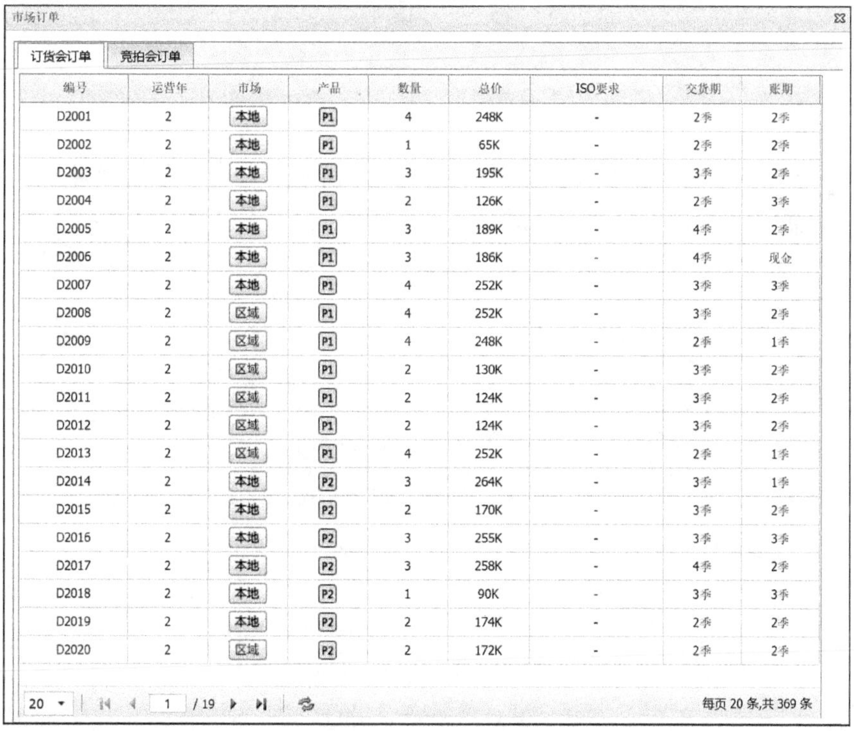

编号	运营年	市场	产品	数量	总价	ISO要求	交货期	账期
D2001	2	本地	P1	4	248K	-	2季	2季
D2002	2	本地	P1	1	65K	-	2季	2季
D2003	2	本地	P1	3	195K	-	3季	2季
D2004	2	本地	P1	2	126K	-	2季	3季
D2005	2	本地	P1	3	189K	-	4季	2季
D2006	2	本地	P1	3	186K	-	4季	现金
D2007	2	本地	P1	4	252K	-	3季	3季
D2008	2	区域	P1	4	252K	-	3季	2季
D2009	2	区域	P1	4	248K	-	2季	1季
D2010	2	区域	P1	2	130K	-	3季	2季
D2011	2	区域	P1	2	124K	-	3季	2季
D2012	2	区域	P1	2	124K	-	3季	2季
D2013	2	区域	P1	4	252K	-	2季	1季
D2014	2	本地	P2	3	264K	-	3季	1季
D2015	2	本地	P2	2	170K	-	3季	2季
D2016	2	本地	P2	3	255K	-	3季	3季
D2017	2	本地	P2	3	258K	-	4季	2季
D2018	2	本地	P2	1	90K	-	3季	3季
D2019	2	本地	P2	2	174K	-	2季	2季
D2020	2	区域	P2	2	172K	-	2季	2季

20　1 / 19　每页 20 条,共 369 条

图 4-15　市场订单

(3)规则说明

各组在操作的过程中,对于规则不熟悉的情况,可以点击"规则说明"查看规则,如图 4-16所示。

图 4-16 规则说明

2.常规操作流程

(1)当年开始

单击"当年开始",将开始整年的操作,如图 4-17 所示。新的操作流程将开启,如图 4-18 所示。

图 4-17 当年开始

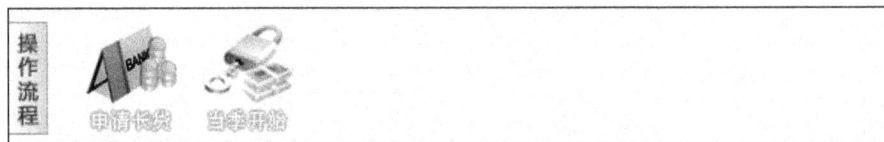

图 4-18 当年开始后操作流程界面

(2)申请长贷

如需申请长期贷款,单击"申请长贷",跳出弹窗,显示最大贷款额度,可输入所需长贷的金额以及选择长贷年限,贷款金额必须为大于等于 10K 的整数并小于等于最大贷款额度,如图 4-19 所示。"申请长贷"一年只可操作一次。

视频 当年开始、申请长贷

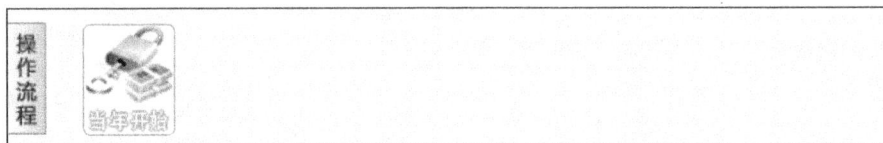

测试题 申请长贷

图 4-19　申请长贷

（3）当季开始

单击"当季开始"后，正式进入了第一年第一季的企业运营，在第一年后的每年的"当季开始"时，系统会根据规则自动判断，是否需要偿还短期贷款本金和支付短期贷款利息，如果需要则系统会提示需要支付的相关数据信息，如图 4-20 所示。"当季开始"后之前的操作权限将关闭，可以开启新的操作流程，如图 4-21 所示。

视频　当季开始、申请短贷

测试题　当季开始

图 4-20　偿还短期贷款本金和支付利息

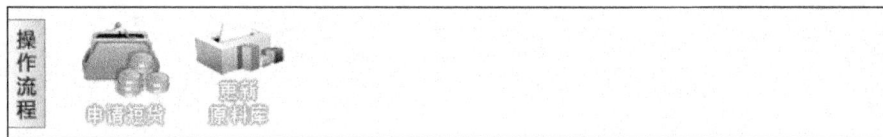

图 4-21　当季开始后操作流程界面

（4）申请短贷

如需申请短期贷款，单击"申请短贷"，跳出弹窗，显示最大贷款额度，可输入所需短贷的金额，贷款金额必须为大于等于 10K 的整数并小于等于最大贷款额度，如图 4-22 所示。每一季度只能申请一次短期贷款。注意：如果当前季度有短期贷款需要归还，且同时还拥有贷款额度时，必须先归还到期的短期贷款，才能申请新的短期贷款。

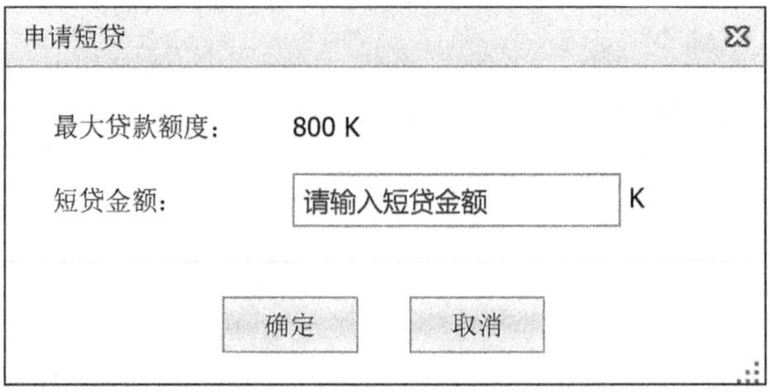

图 4-22　申请短贷

（5）更新原料库

点击"更新原料库"，系统会根据原材料的配送情况判断是否需要支付原料费，并显示需支付的金额，原材料金额需要一次性全额支付，现金不足将无法进入下一步，如图 4-23 所示。

视频 更新原料库

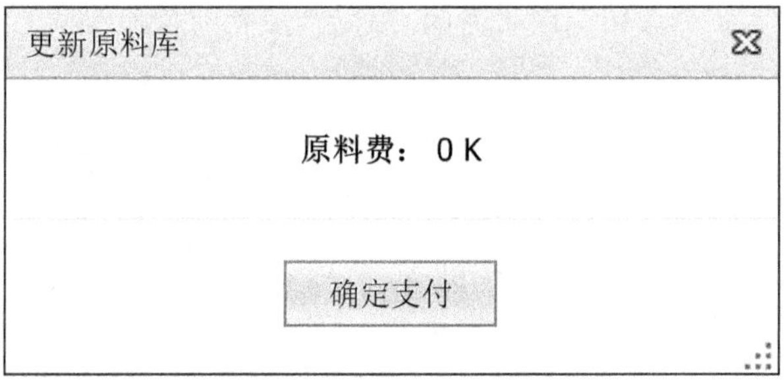

图 4-23　更新原料库

点击"确定支付"后，系统会提示"更新原料库成功"，如图 4-24 所示。同时，企业可在采购库存信息中查看库存数据。点击"确定"后，之前的操作权限将关闭，可以开启新的操作流程，如图 4-25 所示。

测试题 更新原料库

图 4-24　提示更新原料库成功

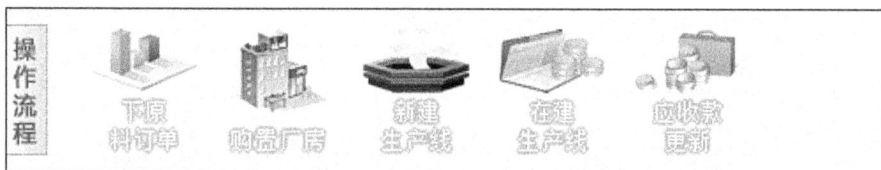

图 4-25　更新原料库后操作流程界面

（6）下原料订单

企业在生产产品前，仓库中必须要有原材料，原材料通过"下原料订单"获得，每种原材料的运货期（提前期）不同，可根据运货期下单。单击"下原料订单"，如图 4-26 所示。

视频　下原料订单

原材料	购买价格（K）	运货期（季）	数　量
R1	5	1	0
R2	10	1	0
R3	15	2	0
R4	20	2	0

确定认购　　取消

图 4-26　下原料订单

在所需原材料的后面输入数量，必须为正整数，单击"确定认购"，则会提示"下原料订单成功"，如图 4-27 所示。"下原料订单"每一季度只可操作一次，下原材料订单时不扣除现金。

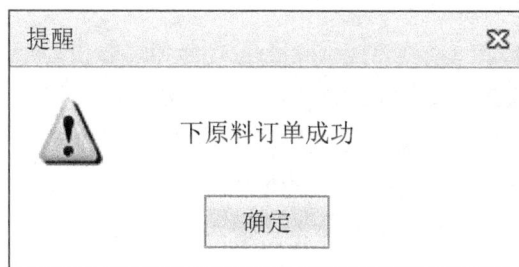

提醒

下原料订单成功

确定

图 4-27　下原料订单成功确认

（7）购置厂房

企业在进行新建生产线之前，需要购置厂房，单击"购置厂房"，如图 4-28 所示。

视频　购置厂房

购置厂房				✖
	名称	建设费(K)	租用费(K/年)	生产线容量(条)
○	大厂房	440	44	4
○	中厂房	300	30	3
○	小厂房	180	18	2

获取方式：购买 ∨

确定　　　取消

图 4-28　购置厂房

选定厂房大小以及获取方式，其中，获取方式可分为购买和租用，单击"确定"，则系统会提示"购置厂房成功"，并且在厂房位置会显示相应的厂房以及厂房的容量和获取方式，如图 4-29 所示。一次操作只能购置一个厂房，"购置厂房"允许操作多次，但厂房总数不能超过 4 个。如果决定购买厂房，购置费需要立即全额支付；如果决定租用厂房，则租金也要立即支付；资金不够时，系统会提示"企业资金不够支付"，无法购买或租用。租用的厂房如果到期没有选择"租转买"或"退租"，系统会自动做续租处理，租金将在"当季结束"时和"行政管理费"一并扣除。

厂房 factory	小厂房 ◀ 01 容量：2/2　　　租用	提醒 ✖
		⚠ 购置厂房成功 确定

图 4-29　购置厂房成功确认

（8）新建生产线

企业进行产品生产前必须新建生产线，如果购买或租用了多个厂房，则需在新建生产线时进行选择将生产线建在哪个厂房中，同时选择生产线的类型以及选择生产产品的类型，如图 4-30 所示。一次操作只能新建一条生产线，"新建生产线"允许操作多次，直到厂房没有容量为止。生产线一旦购置便不允许在厂房间移动，生产产品的类型一经确定便不能更换，如需更换，须在生产线建成后，进行转产处理。

单击"确定"后系统会提示"新建生产线成功"，手工线当季购买当季即可使用，半自动线、自动线和柔性线待最后一期投资到位后，必须到下一季度开始才算安装完成，才允许投入使用。新建生产线一经确认，即刻进入第一期在建，当季便自动扣除本期建设费用，并且在生产线位置显示相应的生产线以及生产线的状态，如图 4-31 所示。现金不够时，系统会提示"企业资金不够支付",无法新建生产线。未安装成功的生产线显示"安装中",并给出安装进度,已经完成的生产线显示"空闲",空闲的生产线可进行转产、出售和生产的操作。用户可将鼠标悬浮在某条生产线上,将由悬浮窗口给出该条生产线的详细信息,如图 4-32 所示。

测试题 新建
生产线

名称	建设费(K)	安装时间(季)	生产周期(季)	转产费用(K)	转产季度	维护费(K/年)
手工线	35	0	3	0	0	5
半自动线	50	1	2	20	1	10
自动线	150	3	1	20	1	20
柔性线	200	4	1	0	0	20

选择厂房: [1] 小厂房, 容量 : 2

生产产品: P1

确定　取消

图 4-30　新建生产线

图 4-31　生产线信息

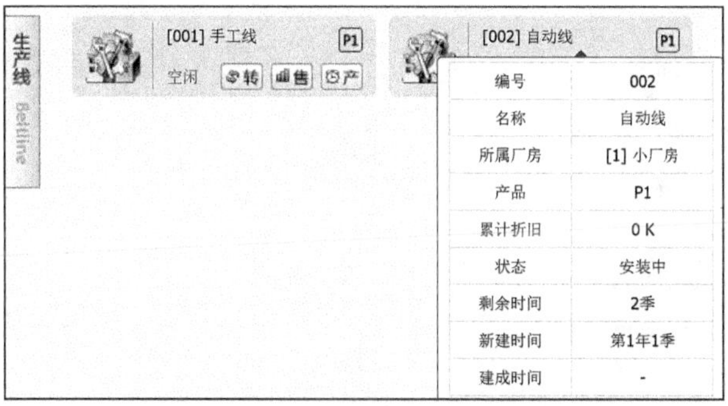

图 4-32　生产线详细信息

当想要更改生产线生产产品的类型时,在生产线空闲状态时点击"转",系统给出该生产线的转产周期及费用,用户选择需要转产的产品类型,如图 4-33 所示,点击"确定"后,将立即扣除转产费用,生产线状态变为"转产中",直到转产周期结束;当用户不想要某条生产线时可选择出售,在生产线空闲状态时点击"售",进行确定,如图 4-34 所示,生产线出售将立即获得等同于其残值的现金,无论生产线净值是多少,均按生产线残值出售,净值与残值之差计入综合费用表中的"损失";在用户获得相应原材料和生产资格的前提下,可进行产品生产,在生产线空闲状态时点击"产",如图 4-35 所示。确定之后生产线状态变为"生产中",并给出生产进度,如图 4-36 所示。到下一季点击"当季开始"后,生产进度加一格,如果进度已满,代表生产完成最后一期,到下一季点击"当季开始"后,该类型产品的库存将自动加一,可在采购库存信息中查看生产完成的产品,生产线则立即恢复"空闲"状态。所有生产线的转产、出售、生产操作都只能在每一季度的本阶段进行,即转产、出售及生产操作只能在点击"更新原料库"后,点击"应收款更新"之前操作。

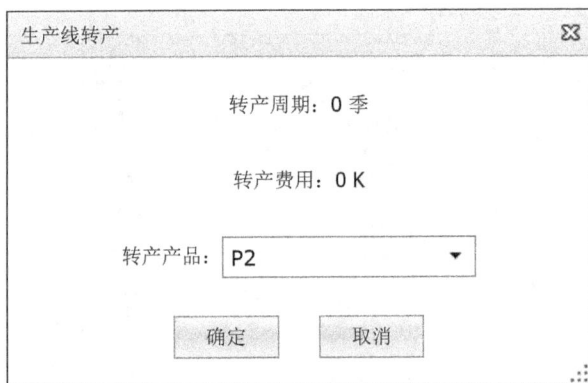

图 4-33　生产线转产

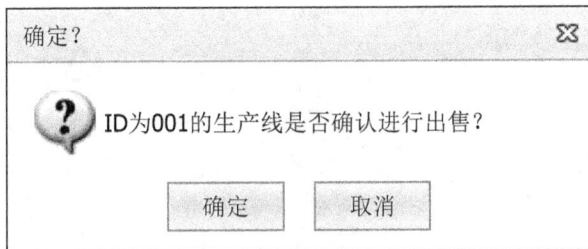

图 4-34　生产线出售

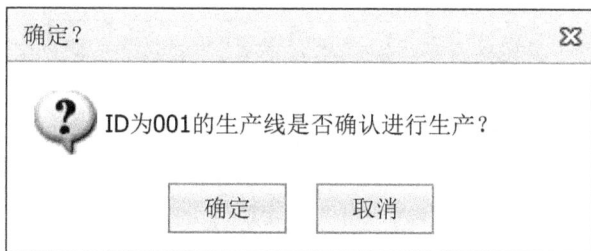

图 4-35　生产线生产

图 4-36　生产线状态

（9）在建生产线

企业从第一年第二季开始，如果有新建生产线且安装周期大于一季的，则需要对新建生产线进行再投资，点击"在建生产线"，选中需要在建的生产线，如图 4-37 所示。"在建生产线"每一季度只可操作一次。

测试题 在建
生产线

视频 在建生
产线

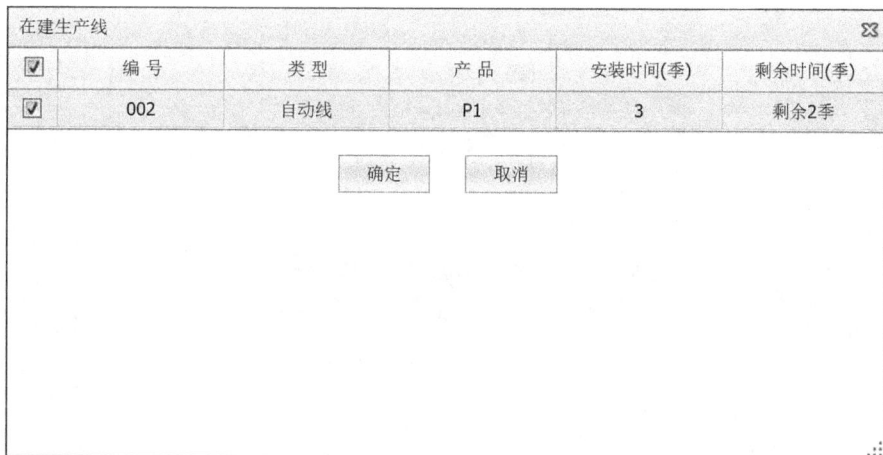

☑	编 号	类 型	产 品	安装时间(季)	剩余时间(季)
☑	002	自动线	P1	3	剩余2季

确定　　取消

图 4-37　在建生产线

点击"确定"后，系统会提示"是否确定投资选中的生产线"，如图 4-38 所示。点击"确定"系统将立即扣除全部所选生产线一季建设费用的总和。现金不够时，系统会提示"企业资金不够支付"，无法投资生产线。

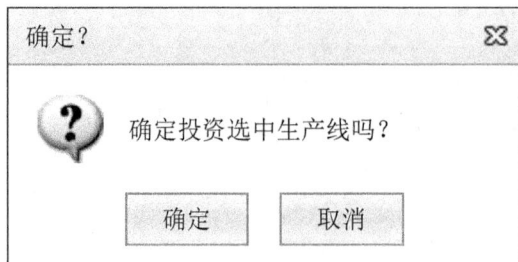

图 4-38 在建生产线确认

（10）应收款更新

从第二年开始，可以获取市场订单，选中的订单在交货之后，用户将获得订单总价的应收款，点击"应收款更新"后所有应收款账期减一，当为零时，即为收现金额，如图 4-39 所示。点击"确定收款"，收现金额将自动加入企业现金中。"应收款更新"后，之前的操作权限将关闭，可以开启新的操作流程，如图4-40所示。

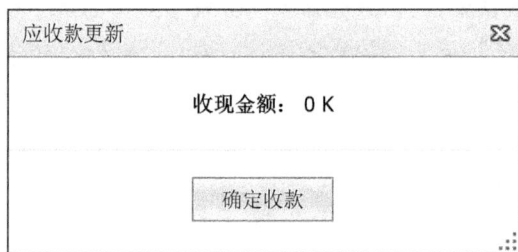

图 4-39 应收款更新

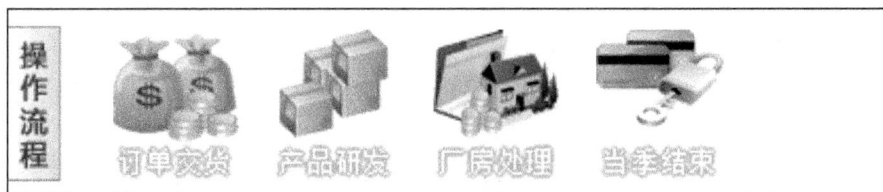

图 4-40 应收款更新后操作流程界面

（11）订单交货

如果产品库存满足订单的数量，那么就可以点击"确认交货"，企业将立即获得订单总价的应收款，账期为现金的，交货后金额自动加入企业现金中，如图4-41所示。企业可以提前进行交货，但如果超过交货期，则系统会显示已违约。违约会根据相关规则处罚，当年结束时会扣除违约金。

编号	市场	产品	数量	总价	ISO要求	交货期	账期	操作
D4114	本地	P1	4	244K	-	1季	3季	确认交货
D4115	本地	P1	5	310K	-	3季	3季	确认交货
D4116	区域	P1	5	305K	-	3季	2季	确认交货
D4120	区域	P1	3	186K	-	4季	3季	确认交货

图 4-41　订单交货

(12)产品研发

在进行产品生产前,企业必须对产品进行研发以便获得生产资格,不同产品的投资费用、投资时间不同。如果产品未研发完成,则不能进行生产。产品研发虽可以中断或终止,但不允许超前或一次性投入。已投资的研发费虽不能回收,但永久有效。产品研发分季度进行,每季度都要操作,研发全部完成后才能进行生产。

单击"产品研发",如图 4-42 所示,在复选框中选择需要研发的产品后,单击"确定",系统会提示"是否确定研发选中的产品",如图 4-43 所示。

	产品	投资费用(K/季)	投资时间(季)	剩余时间(季)
☐	P1	10	2	2
☐	P2	10	3	3
☐	P3	10	4	4
☐	P4	11	5	5
☐	P5	12	6	6

确定　取消

图 4-42　产品研发

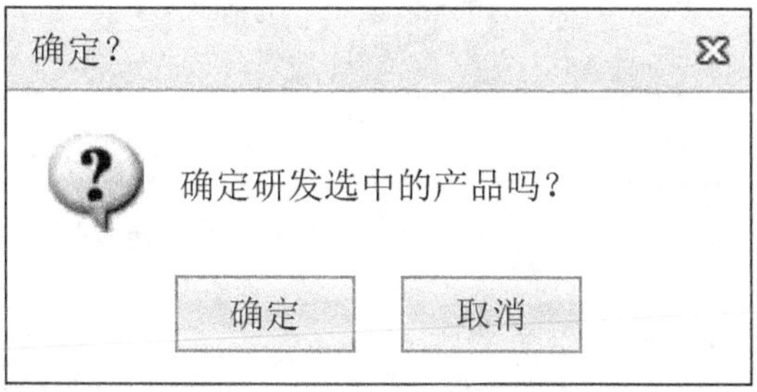

确定?

确定研发选中的产品吗?

确定　取消

图 4-43　产品研发确认

点击"确定"后系统将立即扣除所有产品一季研发费用的总和,点击"取消"则重新选中需要研发的产品。现金不够时,系统会提示"企业资金不够支付",无法研发产品。"产品研发"每一季度只可操作一次。

（13）厂房处理

企业可以根据需要对已购置的厂房进行处理,点击"厂房处理",选中需要处理的厂房,选择合适的处理方式,如图 4-44 所示。

	编号	名称	厂房状态	容量	剩余容量
○	01	小厂房	租用	2	0
●	02	小厂房	购买	2	2

处理方式: ● 卖出(买转租)　○ 退租　○ 租转买

确定　　取消

图 4-44　厂房处理

购买的厂房只可选择"卖出(买转租)",若厂房内无生产线,则立即获得相当于厂房购买价的 4 个账期的应收款,厂房将消失;若厂房中有生产线,视同厂房转租,在获得 4 个账期应收款的同时要扣除厂房租金,厂房状态变为"租用";租用的厂房在无生产线的情况下可选择"退租",确定退租后厂房将消失,但若厂房中有生产线,则系统会出现提示"无法退租";租用的厂房选择"租转买"时,将立即扣除厂房购买价,厂房状态变为"购买"。资金不足时,系统会提示"企业资金不够支付",无法购买厂房。"厂房处理"每一季度可操作多次。

（14）ISO 认证

每年第四季度的该阶段,相较于图 4-40 将增加两个操作:"ISO 认证"以及"市场开拓",如图 4-45 所示。

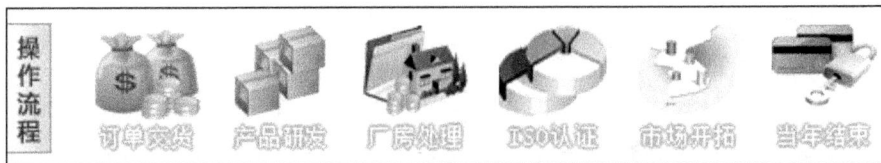

图 4-45　每年第四季度末操作流程界面

在订货会和竞拍会上,有些订单需要 ISO 认证。点击"ISO 认证",如图4-46所示,在复选框中选中需要进行的 ISO 认证。ISO 认证可以中断或终止,但不允许超前或一次性投入。投资中断后已投入的资金依然有效,已投资的认证费不能回收。如果 ISO 认证没有完成,则不允许选择有 ISO 认证要求的订单。在认证完成前,每年都必须进行该操作才能获得 ISO 认证资格。

ISO认证				✖
	ISO	投资费用(K/年)	投资时间(年)	剩余时间(年)
☐	9	10	2	2
☐	14	10	3	3
	确定		取消	

图 4-46　ISO 认证

点击"确定"系统会提示"是否确定认证选中的 ISO",如图 4-47 所示。确认后系统将直接扣除全部所选 ISO 认证的一年投资费用总和。现金不够时,系统会提示"企业资金不够支付",无法认证。"ISO 认证"一年只可操作一次。

确定?	✖
❓ 确定认证选中的ISO吗?	
确定　　取消	

图 4-47　ISO 认证确认

视频 市场开拓

(15)市场开拓

企业根据自身的需求,在每年的第四季度都可开拓市场,不同的市场开拓所需的时间也不同,如图 4-48 所示。市场开拓可以中断或终止,但不允许超前或一次性投入。投资中断后已投入的资金依然有效,已投资的开拓费不能回收。如果市场开拓没有完成,则不允许在该市场投放广告。在市场开拓完成前,每年都必须进行该操作才能获得市场准入资格。

测试题 市场开拓

市场开拓				✖
	市场	投资费用(K/年)	投资时间(年)	剩余时间(年)
☐	本地	10	1	1
☐	区域	10	1	1
☐	国内	10	2	2
☐	亚洲	10	3	3
☐	国际	10	4	4
	确定		取消	

图 4-48　市场开拓

在复选框中选中所需开拓的市场，点击"确定"则系统会提示"是否确定开拓选中的市场"，如图 4-49 所示。确定开拓选中的市场，系统会立即扣除全部所选的开拓市场一年投资费用的总和。现金不够时，系统会提示"企业资金不够支付"，无法投资。点击"取消"，则放弃对选中市场的开拓，可重新选择。"市场开拓"一年只可操作一次，完成开拓后的市场永久有效。

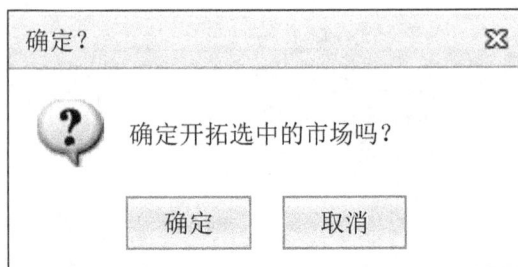

图 4-49　开拓市场确认

（16）当季结束

确定一季的运营操作完成之后，单击"当季结束"，系统将提示是否要结束当季并且给出本季需要支付的行政管理费以及厂房租金，如图 4-50 所示。当季结束后系统将进入下一季度操作流程。

视频 当季结束

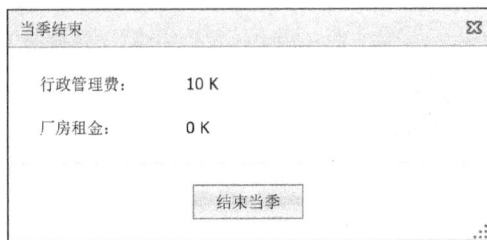

图 4-50　当季结束

（17）当年结束

确定一年的运营操作完成之后，单击"当年结束"，系统将提示是否要结束当年并且给出需要支付的长期贷款本金、长期贷款利息、订单违约金、厂房租金、生产线维护费、行政管理费及应付所得税，如图4-51所示。"当年结束"后，之前的操作权限将关闭，可以开启新的操作流程，如图4-52所示。

视频 当年结束

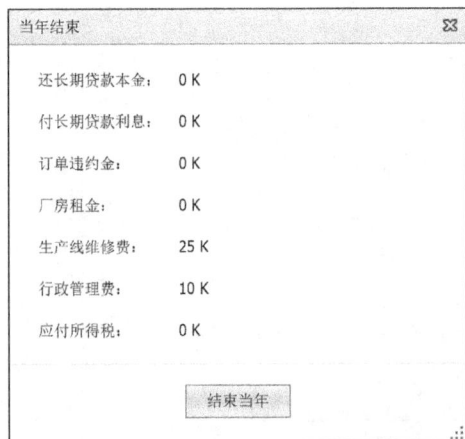

图 4-51　当年结束

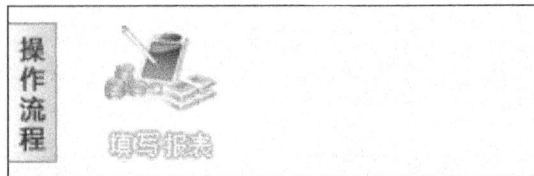

图 4-52　当年结束后操作流程界面

(18)填写报表

当年结束后,每组需要填写报表,如图4-53所示,所有栏目皆为必填项,所填项必须为整数,如填写错误将根据系统规则扣除企业总分值。表 4-1 为辅助报表填写的综合费用表及利润表。

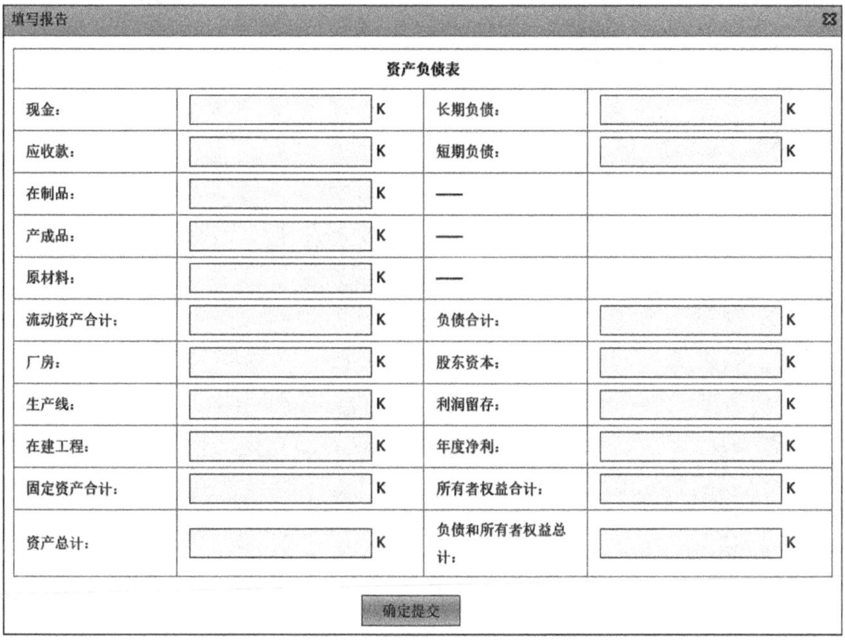
填写报告

资产负债表			
现金:	K	长期负债:	K
应收款:	K	短期负债:	K
在制品:	K	—	
产成品:	K	—	
原材料:	K	—	
流动资产合计:	K	负债合计:	K
厂房:	K	股东资本:	K
生产线:	K	利润留存:	K
在建工程:	K	年度净利:	K
固定资产合计:	K	所有者权益合计:	K
资产总计:	K	负债和所有者权益总计:	K

确定提交

图 4-53　资产负债表

视频 资产负债表填写

表 4-1　综合费用表和利润表

综合费用表		利润表	
项目	金额	项目	金额
管理费		销售收入	
广告费		直接成本	
设备维护费		毛利	
损失		综合费用	
转产费		折旧前利润	
厂房租金		折旧	
新市场开拓		支付利息前利润	
ISO 资格认证		财务费用	
产品研发		税前利润	
信息费		所得税	
合计		年度净利润	

视频 综合费用表和利润表填写

工具 综合费用表和利润表

(19)投放广告

从第二年起,每年点击“当年开始”都将增加“投放广告”和“参加订货会”的操作流程,如图 4-54 所示。企业可通过投放广告获得订货会选单的机会,在一个回合中,每投放 10K 广告费理论上将获得一次选单机会,此后每增加 20K 理

视频 投放广告

论上多一次选单机会,如图 4-55 所示。只有在所有用户都单击"当年开始"后,才能投放广告。企业只能在已开拓的市场投放广告,但不要求获得产品研发资格。广告投放必须为大于等于 0 的整数,确定投放广告后将立即扣除广告费。

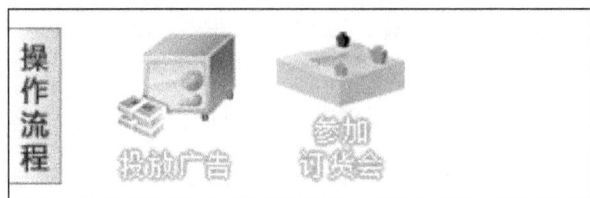

图 4-54　第二年起当年开始后的操作流程界面

图 4-55　投放广告

(20)参加订货会

从第二年起,所有用户都单击"当年开始"后并投放广告才能参加订货会。订货会界面,如图 4-56 所示。界面上方为市场标签,可点击进行切换,左侧为用户、本细分产品市场投放广告额、本市场投放广告总额(本市场下所有细分产品市场投放广告之和)、上年本市场的销售额、违约情况以及选单次数;右侧为市场订单情况,包括订单编号、总价、数量、交货期、账期及 ISO 要求。轮到本企业选单时可看到每张订单后有"选中"二字,用户根据企业的情况在合适的订单后点击"选中"进行选单。

选单时,两个市场同时开单,用户需要同时关注两个市场的选单进展,订货会上方也将提示市场情况,若其中一个市场先结束,则第三个市场立即放单,即任何时候都会有两个市场同开,除非最终仅剩下一个市场选单未结束。如某年有本地、区域、国内、亚洲四个市场有选单,则系统将在本地、区域同时放单,各市场按 P1、P2、P3、P4、P5 顺序独立放单,若本地市场选单全部结束,则国内市场立即放单,此时,区域、国内两个市场保持同开,紧接着区域市场结束选单,则亚洲市场立即放单,即国内、

视频 参加订货会

测试题 参加订货会

亚洲两个市场同开。某一市场选单结束,系统界面不会自动跳到其他市场,选单时各小组需要点击相应的市场按钮(如点击"国内")。

图 4-56 订货会选单

(21)竞拍会

只有在第三年和第六年的当年开始后有"竞拍会"这一步骤,竞拍会在订货会结束后开始。竞拍会的界面,如图 4-57 所示,可以看到订单编号、市场、产品、数量、ISO 要求等信息,有意参与竞拍的企业需要设置竞价信息,包括总金额、交货期以及账期。时间结束将直接给出竞拍成功的用户信息,并扣除该用户的竞拍费。现金不足时不能参加竞拍会。

视频 竞拍会

测试题 竞拍会

图 4-57 竞拍会界面

3.应急操作

(1)贴现

企业在运营的过程中,可能会出现现金不足的情况,这时候就需要进行应收款"贴现",如图 4-58 所示,可填写相应账期的贴现额。贴现额须为小于等于应收款的正整数。点击"确定贴现"后,企业将直接获得扣除贴息后的现金,同时,应收款变为减去贴现额后的数值。

视频 贴现

贴现		⊠
剩余账期	应收款(K)	贴现额(K)
4季	180	0

确定贴现　　　取消

图 4-58　贴现

(2)紧急采购

企业在运营的过程中,可能会出现产品库存无法满足订单或者原材料库存不足的情况,这时候可以进行"紧急采购",如图 4-59 所示。企业选中某一原材料或产品,并在对应的表格下方填入订购量,订购量须为正整数,点击"确定认购",系统将立即扣除现金。资金不足时,系统会提示"企业资金不够支付",无法购买。注意:紧急采购时原材料价格是正常的 2 倍,产品价格是正常的 3 倍。虽然一次操作只能订购一种原材料或产品,但运营过程中可随时多次操作。

视频 紧急采购

紧急采购			⊠
	原材料	现有库存	购买价格(K)
⊙	R1	0	10
⊙	R2	0	20
⊙	R3	0	30
⊙	R4	0	40

订购量: 0　个

确定认购

	产成品	现有库存	购买价格(K)
⊙	P1	0	75
⊙	P2	0	105
⊙	P3	0	135
⊙	P4	0	180
⊙	P5	0	210

订购量: 0　个

确定认购

图 4-59　紧急采购

（3）出售库存

企业在运营过程中,可能会产生资金不足的情况,这时可以出售多余的原材料库存或者产品库存,如图 4-60 所示。企业选中某一原材料或产品,并在对应的表格下方填入出售量,出售量须为小于等于库存量的正整数,点击"确定出售",系统将立即增加现金。虽然一次操作只能出售一种原材料或产品,但运营过程中可随时多次操作。

出售库存

	原材料	现有库存	出售价格(K)
○	R1	0	4
○	R2	0	8
○	R3	0	12
○	R4	0	16

出售量: 0 　个

确定出售

	产成品	现有库存	出售价格(K)
○	P1	0	25
○	P2	0	35
○	P3	0	45
○	P4	0	60
○	P5	0	70

出售量: 0 　个

确定出售

图 4-60　出售库存

（4）厂房贴现

企业在运营的过程中,可能会出现资金不足的情况,这时可以进行"厂房贴现",对已购买的厂房进行处理,如图 4-61 所示。选中厂房并点击"确定贴现",将立即获得扣除贴息的现金。若厂房内有生产线,则系统会自动租用该厂房,还需扣除厂房租金。

厂房贴现

	编号	名称	容量	剩余容量
○	01	小厂房	2	0
●	02	小厂房	2	2

确定贴现　　取消

图 4-61　厂房贴现

（5）情报

企业在经营过程中，可以免费获得自身企业的综合信息，也可以花费获得竞争企业的综合信息，如图 4-62 所示。下载资料可看到企业信息、库存信息、银行贷款、研发认证、厂房与生产线以及订单信息，如图 4-63 所示。点击下载竞争企业的综合信息将立即扣除现金。

图 4-62　情报

| 公司信息 | 库存信息 | 银行贷款 | 研发认证 | 厂房与生产线 | 订单信息 |

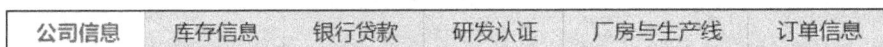

图 4-63　具体内容

（6）订单信息

企业在经营过程中，通过点击"订单信息"可以查看经营过程中所有获得的订单信息，包括订单编号、市场、产品、数量、总价、状态、得单年份、ISO 要求、交货期、账期以及交货时间，如图 4-64 所示。

编号	市场	产品	数量	总价	状态	得单年份	ISO要求	交货期	账期	交货时间
J3015	区域	P3	4	540K	已交单	第3年	9	3季	1季	第3年1季
D2025	本地	P3	3	210K	已交单	第2年	-	4季	2季	第2年4季
D2026	本地	P3	3	220K	已交单	第2年	-	4季	2季	第2年3季
D2047	区域	P3	1	80K	已交单	第2年	-	4季	3季	第2年4季
D2051	区域	P3	3	240K	已交单	第2年	-	4季	2季	第2年3季
D2052	区域	P3	2	160K	已交单	第2年	-	4季	1季	第2年2季
D3074	本地	P3	3	260K	已交单	第3年	9	4季	2季	第3年4季

图 4-64　订单信息

第5章　ERP沙盘模拟系统教师端及管理员端操作

5.1　教师端操作 > > >

5.1.1　教师端登录

使用"企业经营沙盘模拟系统"时,教师主要进行具体任务的运行管理,每位教师同一时间只能有一个任务正在运行。登录教师端后,系统界面如图5-1所示。

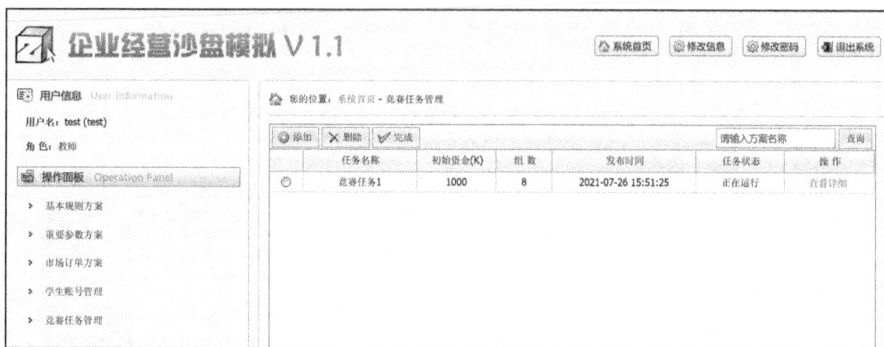

图 5-1　企业经营沙盘模拟系统教师端

教师端的主要功能模块有"基本规则方案""重要参数方案""市场订单方案""学生账号管理"以及"竞赛任务管理"。

5.1.2　教师端系统管理

1.基本规则方案

单击"基本规则方案",主要功能有"添加""编辑"和"删除",如图5-2所示。
注意:如果没有"基本规则方案"则无法创建竞赛任务。

视频 基本规则方案

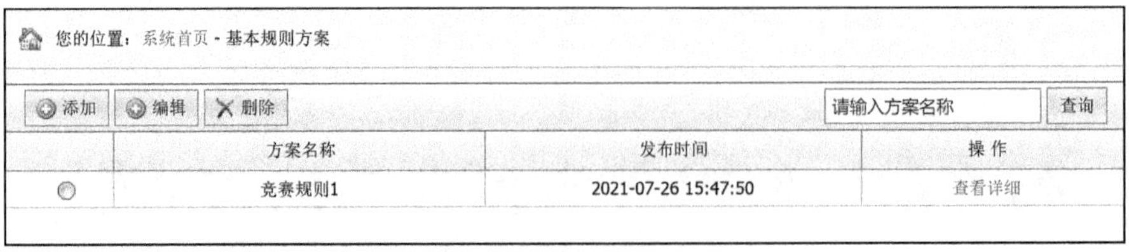

图 5-2　基本规则方案

单击"添加",教师可设置相应的"方案名称",如图 5-3 所示。

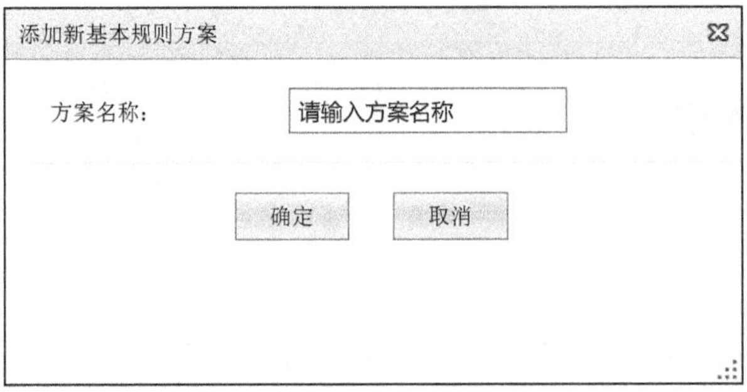

图 5-3　添加新基本规则方案

点击"确定"后,系统将根据默认规则生成方案并显示在列表中,如添加了"企业经营"方案,如图 5-4 所示。

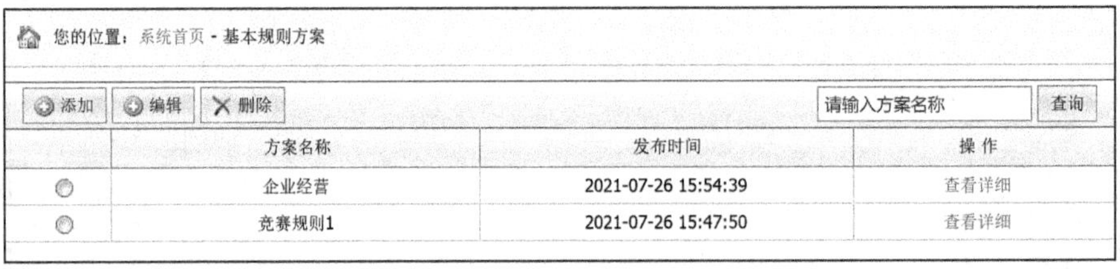

图 5-4　规则方案管理

教师可以根据需要,点击"查看详细"查看方案的详细内容,如图 5-5 所示。

点击"编辑",教师可对规则方案进行修改,包括厂房、生产线、产品等参数设置,其中,潜力系数将影响系统得分的计算,如图 5-6 所示。

查看基本规则方案　　　　　　　　　　　　　　　　　　　　　　　　　　　　✕

厂房参数

名　称	建设费(K)	租用费(K/年)	售价(K)	生产线容量(条)	潜力系数
大厂房	440	44	440	4	10
中厂房	300	30	300	3	8
小厂房	180	18	180	2	5

生产线参数

名　称	建设费(K)	安装调试时间(季)	生产周期(季)	转产费用(K)	转产季度
手工线	35	0	3	0	0
半自动线	50	1	2	20	1
自动线	150	3	1	20	1
柔性线	200	4	1	0	0

产品参数

名　称	开拓费(K/季)	开拓季度	加工费(K/个)	直接成本(K/个)	潜力系数
P1	10	2	5	25	5
P2	10	3	5	35	8
P3	10	4	5	45	10
P4	11	5	10	60	15
P5	12	6	10	70	15

资格认证参数

名　称	开拓费(K/年)	开拓年限	潜力系数
ISO9000	10	2	10
ISO14000	10	3	15

市场参数

名　称	开拓费(K/年)	开拓年限	潜力系数
本地	10	1	5
区域	10	1	5
国内	10	2	8
亚洲	10	3	10
国际	10	4	10

原材料参数

名　称	购买价格(K/个)	提前季度
R1	5	1
R2	10	1
R3	15	2
R4	20	2

关闭

图 5-5　查看规则方案

编辑基本规则方案					🗙

方案名称： 企业经营

厂房参数设置

名 称	建设费(K)	租用费(K/年)	售价(K)	生产线容量(条)	潜力系数
大厂房	440	44	440	4	10
中厂房	300	30	300	3	8
小厂房	180	18	180	2	5

生产线参数设置

名 称	建设费(K)	安装调试时间(季)	生产周期(季)	转产费用(K)	转产季度
手工线	35	0	3	0	0
半自动线	50	1	2	20	1
自动线	150	3	1	20	1
柔性线	200	4	1	0	0

产品参数设置

名 称	开拓费(K/季)	开拓季度	加工费(K/个)	直接成本(K/个)	潜力系数
P1	10	2	5	25	5
P2	10	3	5	35	8
P3	10	4	5	45	10
P4	11	5	10	60	15
P5	12	6	10	70	15

资格认证参数设置

名 称	开拓费(K/年)	开拓年限	潜力系数
ISO9000	10	2	10
ISO14000	10	3	15

市场参数设置

名 称	开拓费(K/年)	开拓年限	潜力系数
本地	10	1	5
区域	10	1	5
国内	10	2	8
亚洲	10	3	10
国际	10	4	10

原材料参数设置

名 称	购买价格(K/个)	提前季度
R1	5	1
R2	10	1
R3	15	2
R4	20	2

确定　　取消

图 5-6　编辑规则方案

选中某一记录后,教师可删除不需要的规则方案。

2. 重要参数方案

单击"重要参数方案",主要功能有"添加""编辑"和"删除",如图 5-7 所示。
注意:如果没有"重要参数方案"则无法创建竞赛任务。

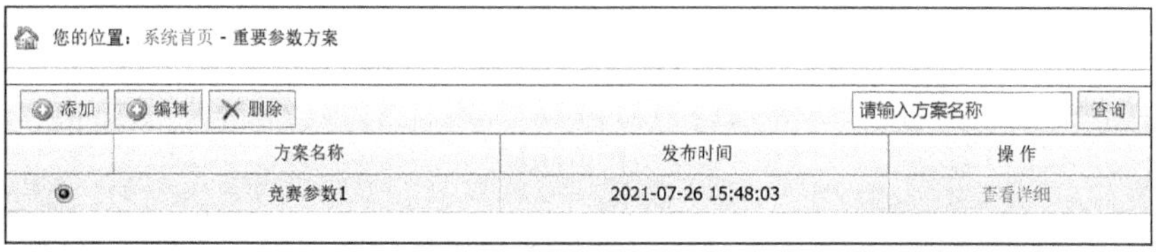

图 5-7　重要参数方案

单击"添加",设置相应的"方案名称",教师可对默认的参数进行修改,如图 5-8 所示。
选中某一记录后,教师可对重要参数方案进行编辑修改和删除。

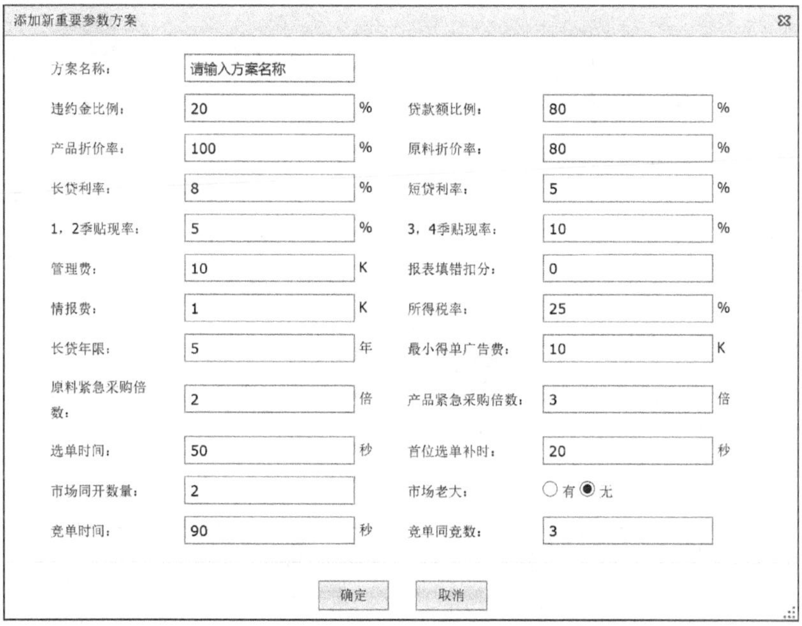

图 5-8　添加新重要参数方案

点击"确定"之后,"重要参数方案"中将显示教师所创建的新方案,如添加了"企业经营"
方案,如图 5-9 所示。

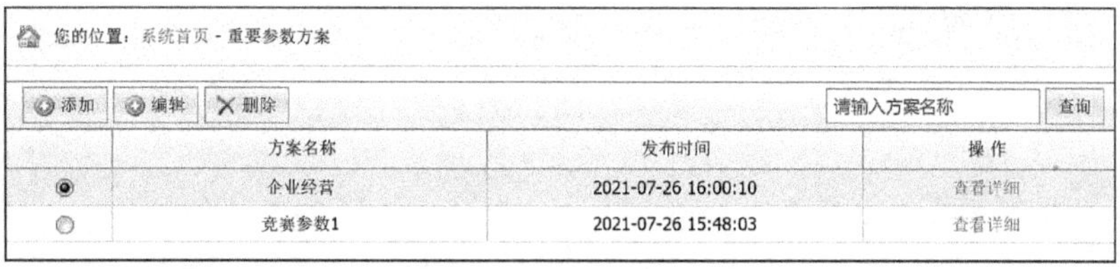

图 5-9　重要参数方案

教师可以根据需要,点击"查看详细"查看方案的详细内容。选中某一记录后,教师可删除不需要的重要参数方案。

3. 市场订单方案

单击"市场订单方案",主要功能有"添加""编辑""上传订单"和"删除",如图 5-10 所示,系统已添加了一些默认订单,可供选择。

视频 市场订单方案

图 5-10　订单方案管理

单击"添加",教师可设置相应的"方案名称",如图 5-11 所示。选中某一记录后,教师可对市场订单方案进行编辑、上传订单或删除。

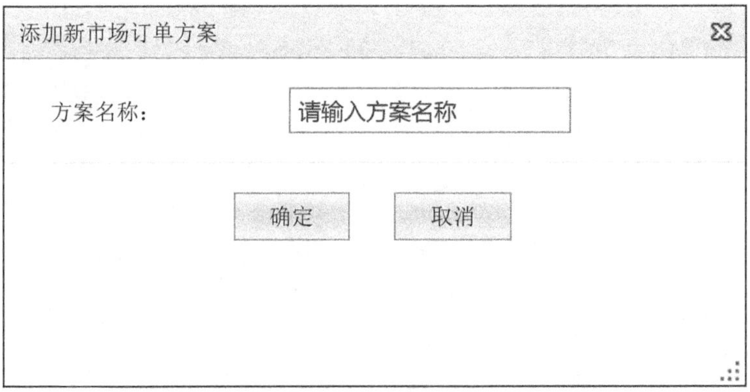

图 5-11　添加新订单方案

(1)订货会订单管理

①添加订单

新建的市场订单方案默认为空,教师可单击"订货会订单"下的"添加订单",设置相应的"市场类型""产品类型""产品数量""总价""ISO 要求""交货期""账期"及"运营年",生成一张新订单,如图 5-12 所示。其中,"产品数量"和"总价"必须输入正整数。

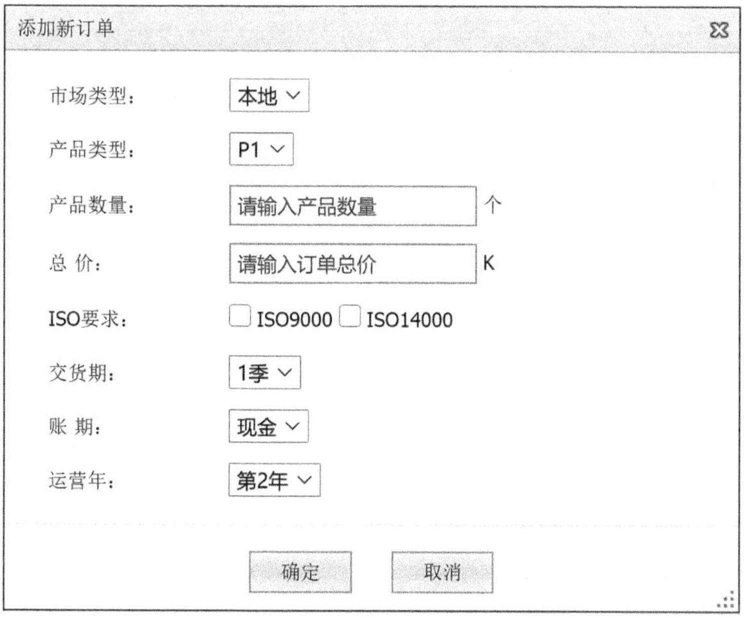

图 5-12　添加订货会新订单

②批量添加

单击"订货会订单"下的"批量添加",教师可设置相应的"市场类型""产品类型""订单数量""产品数量""产品单价"及"运营年",同时添加在某一个细分市场内的多张订单,如图 5-13 所示。其中,"订单数量""产品数量""产品单价"必须输入正整数,"最小产品数量"不能大于"最大产品数量","最小产品单价"不能大于"最大产品单价"。

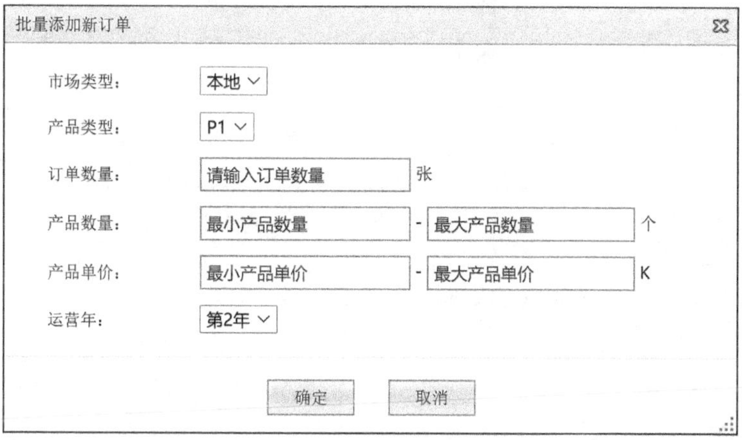

图 5-13　批量添加订货会新订单

③查看订单

单击"订货会订单"下的"查看订单",界面可以看到该市场订单方案下的所有订单,如图 5-14 所示。

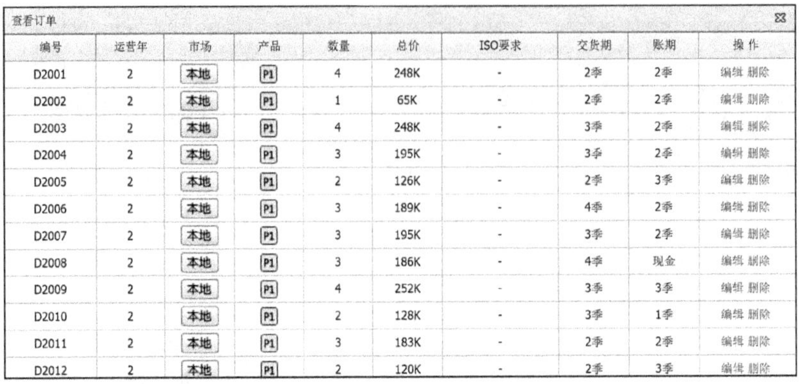

编号	运营年	市场	产品	数量	总价	ISO要求	交货期	账期	操作
D2001	2	本地	P1	4	248K	-	2季	2季	编辑 删除
D2002	2	本地	P1	1	65K	-	2季	2季	编辑 删除
D2003	2	本地	P1	4	248K	-	3季	2季	编辑 删除
D2004	2	本地	P1	3	195K	-	3季	2季	编辑 删除
D2005	2	本地	P1	2	126K	-	2季	3季	编辑 删除
D2006	2	本地	P1	3	189K	-	4季	2季	编辑 删除
D2007	2	本地	P1	3	195K	-	3季	2季	编辑 删除
D2008	2	本地	P1	3	186K	-	4季	现金	编辑 删除
D2009	2	本地	P1	4	252K	-	3季	3季	编辑 删除
D2010	2	本地	P1	2	128K	-	2季	1季	编辑 删除
D2011	2	本地	P1	3	183K	-	2季	2季	编辑 删除
D2012	2	本地	P1	2	120K	-	2季	3季	编辑 删除

图 5-14　查看订货会订单

单击"编辑"，教师可编辑修改订单相应的参数，如图 5-15 所示。其中，"产品数量"和"总价"必须输入正整数。

图 5-15　编辑订货会订单

单击"删除"，系统会提示是否确定删除选中的订单，如图 5-16 所示。

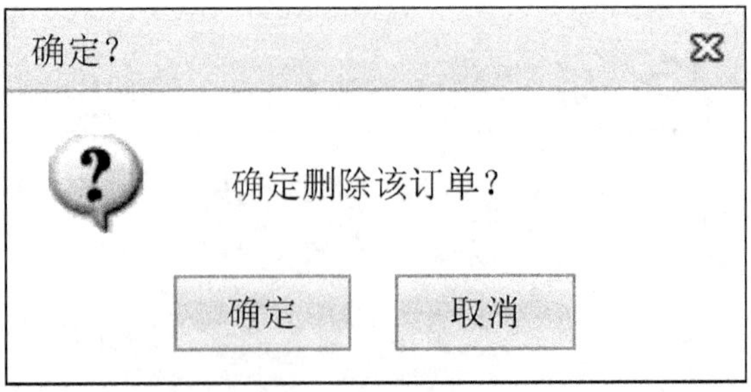

图 5-16　删除订货会订单

（2）竞拍会订单管理

①添加订单

单击"竞拍会订单"下的"添加订单"，教师可设置相应的"市场类型""产品类型""产品数量""ISO 要求"及"运营年"，可添加一张新的竞拍会订单，如图 5-17 所示。其中，"产品数量"必须输入正整数。

图 5-17　添加竞拍会新订单

②批量添加

单击"竞拍会订单"下的"批量添加"，教师可设置相应的"市场类型""产品类型""订单数量""产品数量"及"运营年"，同时添加在某一个细分市场内的多张竞拍会订单，如图 5-18 所示。其中，"订单数量"和"产品数量"必须输入正整数，"最小产品数量"不能大于"最大产品数量"。

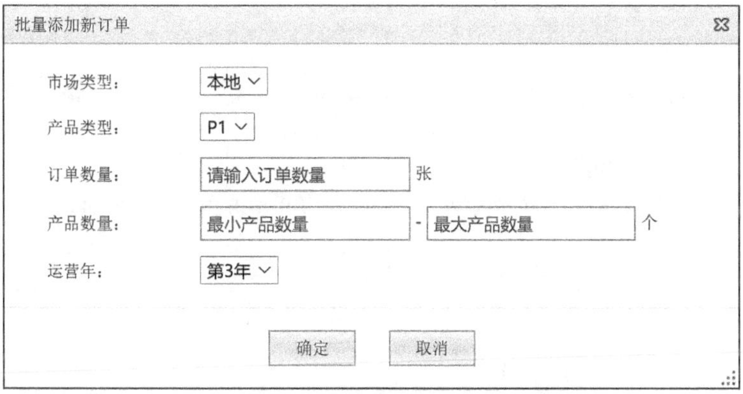

图 5-18　批量添加竞拍会新订单

③查看订单

单击"竞拍会订单"下的"查看订单"，界面可看到该市场方案下的所有订单，如图 5-19 所示。

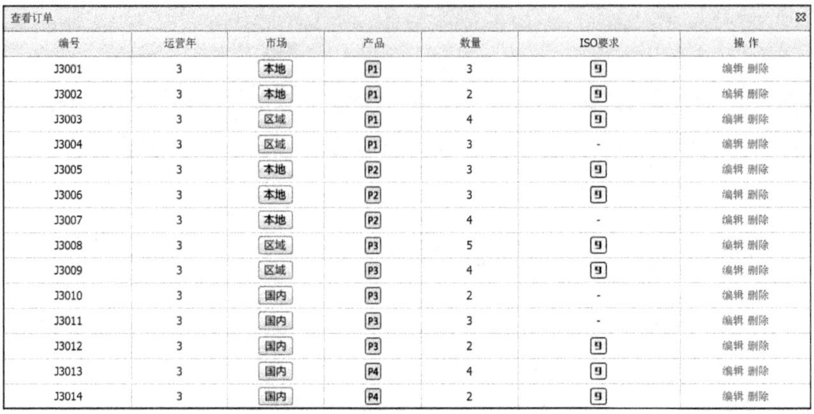

编号	运营年	市场	产品	数量	ISO要求	操 作
J3001	3	本地	P1	3	9	编辑 删除
J3002	3	本地	P1	2	9	编辑 删除
J3003	3	区域	P1	4	9	编辑 删除
J3004	3	区域	P1	3	-	编辑 删除
J3005	3	本地	P2	3	9	编辑 删除
J3006	3	本地	P2	3	9	编辑 删除
J3007	3	本地	P2	4	-	编辑 删除
J3008	3	区域	P3	5	9	编辑 删除
J3009	3	区域	P3	4	9	编辑 删除
J3010	3	国内	P3	2	-	编辑 删除
J3011	3	国内	P3	3	-	编辑 删除
J3012	3	国内	P3	2	9	编辑 删除
J3013	3	国内	P4	4	9	编辑 删除
J3014	3	国内	P4	2	9	编辑 删除

图 5-19　查看竞拍会订单

单击"编辑",教师可编辑修改订单相应的参数,如图 5-20 所示。

图 5-20　编辑竞拍会订单

单击"删除",系统会提示是否确定删除选中的订单,如图 5-21 所示。

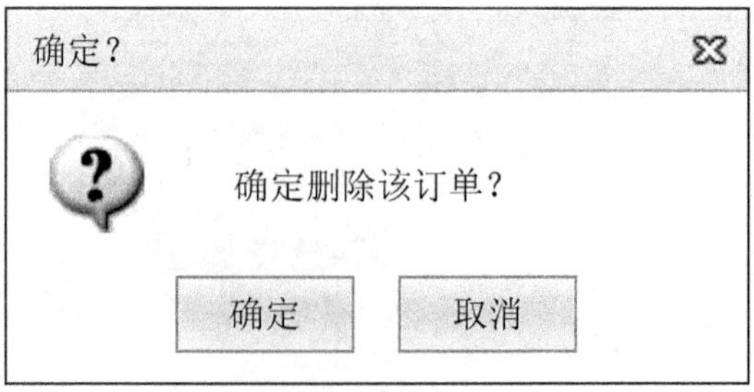

图 5-21　删除竞拍会订单

4.学生账号管理

单击"学生账号管理",主要功能有"添加""批量添加""编辑"和"删除",如图5-22 所示。注意:学生账号的数量必须大于等于竞赛任务的组数,否则不能创建竞赛任务。

视频 学生账号管理

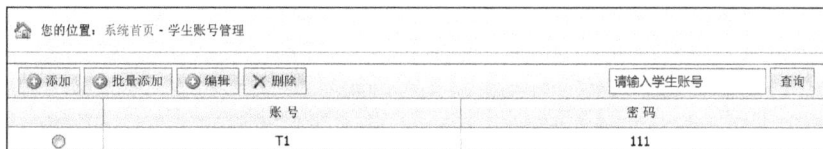

图 5-22　学生账号管理界面

（1）添加

单击"添加",教师可新增一个学生账号,如图 5-23 所示。

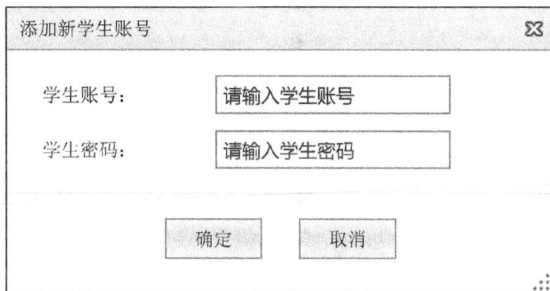

图 5-23　新增学生账号界面

学生账号添加规则:

①学生账号由英文字母和数字组成;账号不允许重复,可以以教师账号为前缀进行编码。

②学生密码由英文字母和数字组成。

（2）批量添加

单击"批量添加",系统可一次性添加多个账号,如图 5-24 所示。

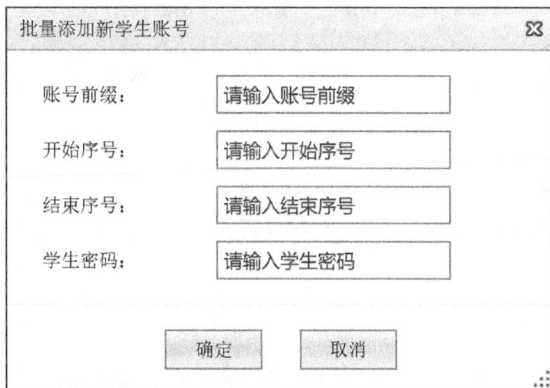

图 5-24　批量添加学生账号界面

学生账号批量添加规则：

①账号前缀由英文字母和数字组成。

②开始序号和结束序号只能为正整数，且开始序号必须小于结束序号。

③学生密码由英文字母和数字组成，批量添加的账号密码相同。

（3）编辑

在学生信息展示区选择要编辑的学生账号，不可以同时选择多个学生账号，如图 5-25 所示。

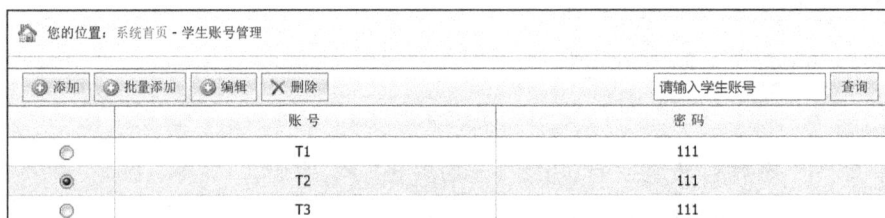

您的位置：系统首页 - 学生账号管理	

	账号	密码
○	T1	111
●	T2	111
○	T3	111

图 5-25　学生账号选择编辑界面

单击"编辑"，教师可以修改学生账号和密码，如图 5-26 所示。

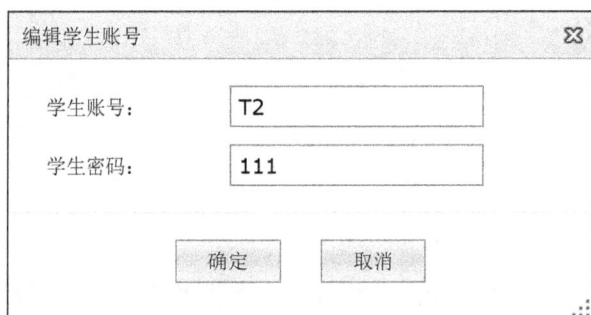

编辑学生账号

学生账号：　T2

学生密码：　111

确定　　取消

图 5-26　编辑信息

（4）删除

如有需要删除的学生账号，教师可在学生信息展示区中选择相应的账号，单击"删除"，系统将会提示相应的信息，需要教师再次确认，以免发生误删，如图 5-27 所示。

如果确认需要删除该学生账号，单击"确定"后，该学生账号就会被删除；如果单击"取消"就会取消此次的删除操作。

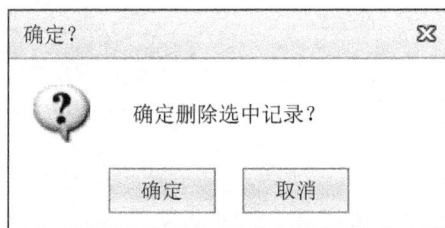

确定？

确定删除选中记录？

确定　　取消

图 5-27　学生账号删除提示界面

（5）查询

当学生账号多到一定程度时会为教师账号管理带来一定的麻烦，这时，教师就可以在输入框中输入所需要查询的学生的账号，以最快的速度提取学生的账号信息，以便对其进行编辑与删除。例如,查询账号包含"T"的学生信息,输入"T",单击"查询",将显示所有包含"T"的账号,如图 5-28 所示。

	账号	密码
⊙	T1	111
⊙	T2	111
⊙	T3	111
⊙	T4	111
⊙	T5	111
⊙	T6	111
⊙	T7	111
⊙	T8	111

您的位置:系统首页 - 学生账号管理

⊕ 添加　⊕ 批量添加　⊕ 编辑　✕ 删除　　　　T　　查询

图 5-28　学生信息查询界面

5.竞赛任务管理

单击"竞赛任务管理",主要功能有"添加""删除"和"完成",如图 5-29 所示。竞赛任务管理主要在竞赛开始前,进行基本规则、重要参数、市场订单和初始状态等的配置,并在比赛过程中,对竞赛和各组进行监控和管理。

视频 竞赛任务管理

您的位置:系统首页 - 竞赛任务管理

⊕ 添加　✕ 删除　✔ 完成　　　　请输入方案名称　　查询

	任务名称	初始资金(K)	组 数	发布时间	任务状态	操作
⊙	竞赛任务1	1000	8	2021-07-26 15:51:25	正在运行	查看详细

图 5-29　竞赛任务管理

单击"添加",教师可创建新的竞赛任务,如图 5-30 所示。

添加新竞赛任务　　　　　　　　　⊠

任务名称:　　　竞赛任务1

初始资金:　　　1000　　K

组 数:　　　　8　　组

重要参数方案:　竞赛参数1　▼

基本规则方案:　竞赛规则1　▼

市场订单方案:　8组订单模板　▼

订货会开始模式:　手动　▼

竞拍会开始模式:　手动　▼

确定　　取消

图 5-30　添加新竞赛任务

教师主要设置项有:任务名称、初始资金、组数、重要参数方案、基本规则方案、市场订单方案、订货会开始模式和竞拍会开始模式。教师需要选择之前设置的重要参数方案、基本规则方案和市场订单方案。系统根据教师所设置的"组数"自动分配"学生账号管理"中的学生账号到该任务,教师确认这些信息后,单击"确定"添加竞赛任务即可开始竞赛。例如,"企业经营"竞赛任务的状态为"正在运行",如图 5-31 所示。一个教师账号同一时间只能有一个竞赛任务正在运行,已经结束的竞赛任务,教师可点击"完成",代表结束该竞赛任务。对于不想要的竞赛任务,教师可以选中后点击"删除"。

	任务名称	初始资金(K)	组 数	发布时间	任务状态	操作
●	企业经营	1000	8	2021-07-26 16:14:16	正在运行	查看详细
○	竞赛任务1	1000	8	2021-07-26 15:51:25	已完成	查看详细

图 5-31　竞赛任务状态

5.1.3　竞赛任务管理

教师完成创建竞赛任务后,可以对当前教师账号下的所有竞赛任务进行管理,单击"竞赛任务管理",如图 5-32 所示。

	任务名称	初始资金(K)	组 数	发布时间	任务状态	操作
●	test	1000	8	2021-07-26 16:15:56	正在运行	查看详细
○	企业经营	1000	8	2021-07-26 16:14:16	已完成	查看详细
○	竞赛任务1	1000	8	2021-07-26 15:51:25	已完成	查看详细

图 5-32　竞赛任务管理

教师可以点击"查看详细",对"正在运行"的任务进行相应的学生账号管理、市场的"交互干预"以及信息查询等操作;对"已完成"的任务,单击"查看详细"进行历史数据的查询,在任务详细页面中显示的信息主要包括:任务信息、综合查询、用户列表及短信息,如图 5-33 所示。

1.任务信息

任务信息包括教师信息、运营年以及教师创建任务时所设置的任务名称、参数方案、规则方案和订单方案,如图 5-33 所示。

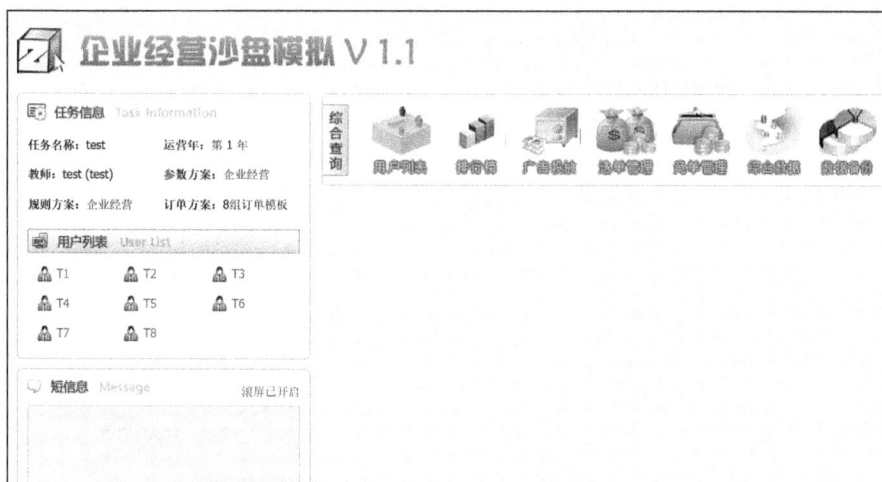

图 5-33　竞赛任务详细

2. 综合查询

综合查询主要包括用户列表、排行榜、广告投放、选单管理、竞单管理、综合数据和数据备份。

（1）用户列表

在"用户列表"中可查看当前正在运营的所有企业信息，包括用户名、用户密码、现金、运营时间、广告投放、订货会以及状态，如图 5-34 所示。

用户名	用户密码	现金	运营时间	广告投放	订货会	状态
T1	111	1000K	第1年1季 - 当年开始	未提交	-	正在经营
T2	111	1000K	第1年1季 - 当年开始	未提交	-	正在经营
T3	111	1000K	第1年1季 - 当年开始	未提交	-	正在经营
T4	111	1000K	第1年1季 - 当年开始	未提交	-	正在经营
T5	111	1000K	第1年1季 - 当年开始	未提交	-	正在经营
T6	111	1000K	第1年1季 - 当年开始	未提交	-	正在经营
T7	111	1000K	第1年1季 - 当年开始	未提交	-	正在经营
T8	111	1000K	第1年1季 - 当年开始	未提交	-	正在经营

图 5-34　用户列表信息

（2）排行榜

在"排行榜"中可查看所有企业的运营年、综合发展潜力、罚分、所有者权益以及总得分，可以按用户名、总得分高低等方式进行排序，如图 5-35 所示。

（3）广告投放

在"广告投放"中可查看所有企业在各细分市场的广告投放情况，如图 5-36 所示。

排名	用户名	运营年	综合发展潜力	罚分	所有者权益	总得分
1	M6	第5年	164	150	1950	4998
2	M17	第5年	159	50	1058	2690.22
3	M5	第5年	110	0	956	2007.6
4	M15	第5年	143	100	854	1975.22
5	M8	第5年	129	0	786	1799.94
6	M14	第5年	97	0	907	1786.79
7	M3	第5年	94	0	840	1629.6
8	M7	第5年	54	100	1041	1503.14
9	M1	第5年	111	100	547	1054.17
10	M12	第5年	84	150	579	915.36

图 5-35 排行榜信息

第 4 年广告投放

M1 的广告投放

产品/市场	本地	区域	国内	亚洲	国际
P1	-	-	-	-	-
P2	-	-	-	-	-
P3	-	-	-	-	-
P4	-	36 K	14 K	-	-
P5	-	-	-	-	-

M2 的广告投放

产品/市场	本地	区域	国内	亚洲	国际
P1	10 K	-	-	-	-
P2	-	10 K	-	-	-
P3	-	-	-	-	-
P4	-	-	-	-	-
P5	-	-	-	-	-

M3 的广告投放

产品/市场	本地	区域	国内	亚洲	国际
P1	-	-	-	-	-
P2	-	-	-	-	-
P3	10 K	34 K	10 K	34 K	-
P4	-	-	-	-	-
P5	-	-	-	-	-

图 5-36 广告投放

（4）选单管理

在"选单管理"中，教师可选择"订货会模式"，分为"自动"和"手动"两种。自动模式下，所有企业投放广告结束后，订货会自动开始；手动模式下，需要教师手动点击"开始订货会"，如图 5-37 所示。

选单管理									☒
			第 4 年订货会管理						
订货会模式：		手动	修改模式		订货会状态：		已结束		
编号	运营年	市场	产品	数量	总价	ISO要求	交货期	账期	状态
D4361	4	本地	P1	1	55K	-	1季	1季	-
D4362	4	本地	P1	1	60K	9	3季	1季	-
D4363	4	本地	P1	1	60K	-	3季	2季	-
D4364	4	本地	P1	1	59K	-	4季	2季	-
D4365	4	本地	P1	2	116K	-	3季	1季	-
D4366	4	本地	P1	2	118K	-	1季	1季	-
D4367	4	本地	P1	2	120K	-	4季	2季	-
D4368	4	本地	P1	2	110K	9	1季	现金	-
D4369	4	本地	P1	3	180K	-	4季	2季	-
D4370	4	本地	P1	3	174K	-	4季	1季	-

图 5-37　选单管理

（5）竞单管理

在"竞单管理"中，教师可选择"竞拍会模式"，分为"自动"和"手动"两种。自动模式下，在第三、第六年所有企业参加完订货会后，竞拍会自动开始；手动模式下，需要教师手动点击"开始竞拍会"，如图 5-38 所示。

竞单管理											☒
				第 6 年竞拍会管理							
竞拍会模式：		手动	修改模式		竞拍会状态：		已结束				
编号	运营年	市场	产品	数量	总价	ISO要求	得单用户	竞拍价	交货期	账期	状态
J6022	6	本地	P1	6	150K	9 14	-	0K	0季	现金	完成
J6023	6	本地	P1	5	125K	9 14	-	0K	0季	现金	完成
J6024	6	国内	P1	5	125K	9 14	-	0K	0季	现金	完成
J6025	6	国内	P1	2	50K	-	M16	145K	1季	1季	完成
J6026	6	国际	P1	2	50K	9	M1	145K	4季	1季	完成
J6027	6	国内	P2	5	175K	14	M21	525K	4季	现金	完成

图 5-38　竞单管理

（6）综合数据

在"综合数据"中选择要查询的年份，点击"查询"可对每个企业的财务报表数据进行查询、导出，如图 5-39 所示。

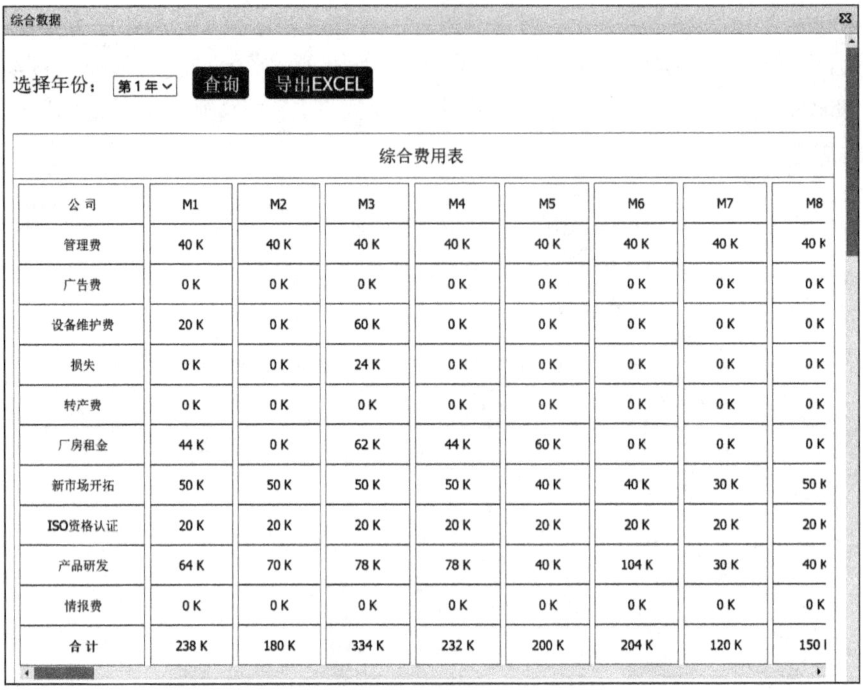

公司	M1	M2	M3	M4	M5	M6	M7	M8
管理费	40 K	40 K	40 K	40 K	40 K	40 K	40 K	40 k
广告费	0 K	0 K	0 K	0 K	0 K	0 K	0 K	0 K
设备维护费	20 K	0 K	60 K	0 K	0 K	0 K	0 K	0 K
损失	0 K	0 K	24 K	0 K	0 K	0 K	0 K	0 K
转产费	0 K	0 K	0 K	0 K	0 K	0 K	0 K	0 K
厂房租金	44 K	0 K	62 K	44 K	60 K	0 K	0 K	0 K
新市场开拓	50 K	50 K	50 K	50 K	40 K	40 K	30 K	50 k
ISO资格认证	20 K	20 K	20 K	20 K	20 K	20 K	20 K	20 k
产品研发	64 K	70 K	78 K	78 K	40 K	104 K	30 K	40 k
情报费	0 K	0 K	0 K	0 K	0 K	0 K	0 K	0 K
合计	238 K	180 K	334 K	232 K	200 K	204 K	120 K	150 l

图 5-39　综合数据

(7)数据备份

单击“数据备份”，主要功能有“备份”和“删除”，如图 5-40 所示。

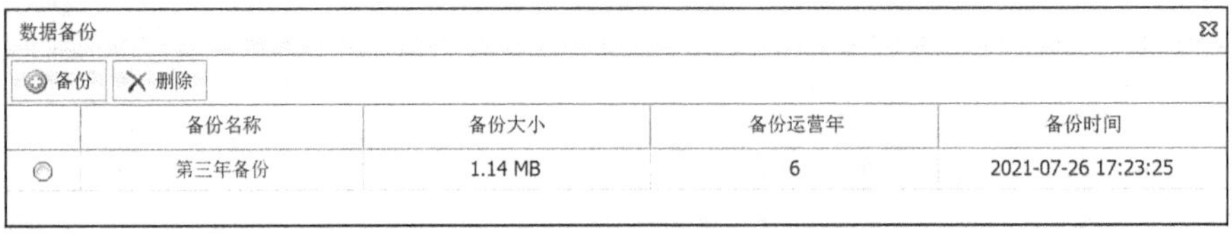

图 5-40　数据备份

教师可点击“备份”，输入“备份名称”，点击“确定”对数据进行备份，如图 5-41 所示。对于不想要的备份数据，教师也可进行“删除”操作。

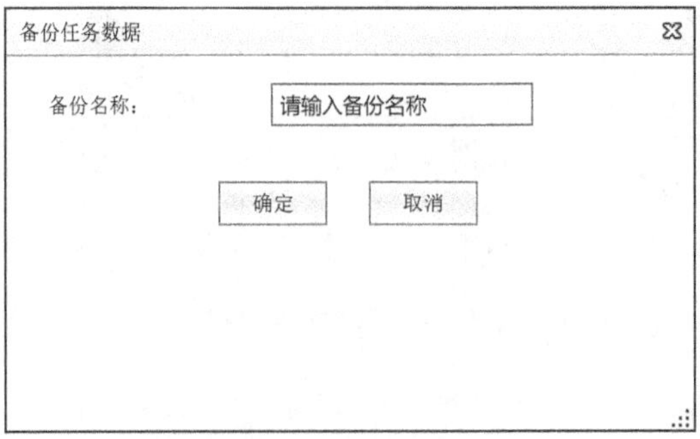

图 5-41　备份任务数据

3. 用户列表

页面的左下角的"用户列表"中显示了当前正在运营的所有企业名称，如图5-42 所示。

图 5-42　用户列表

在"用户列表"中单击某一企业，右侧将显示该企业的当前详细运营信息，主要包括：企业综合信息、现金明细、综合费用表、利润表、资产负债表、库存信息、银行贷款、研发认证、厂房与生产线、订单信息，并可点击"导出 EXCEL"对数据进行导出，如图 5-43 所示。

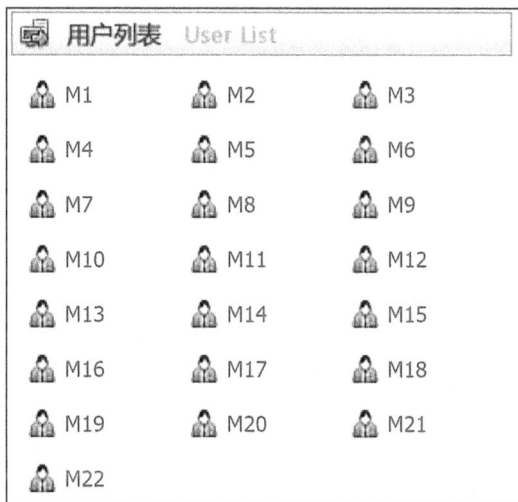

图 5-43　用户详细运营信息

（1）企业综合信息

在"企业综合信息"中详细地展示了企业账号信息、资金状况、运营状态、人员组织结构等。

（2）现金明细

在"现金明细"中会列出企业运营过程中的所有现金变动的操作情况，按时间顺序进行排列，如图 5-44 所示。

备 注	收入/支出(K)	公司资产(K)	运营时间	系统时间
所得税	-87	671	第 6 年 4 季	2018-10-26 11:11:22
生产线维修费	-100	758	第 6 年 4 季	2018-10-26 11:11:21
行政管理费	-10	858	第 6 年 4 季	2018-10-26 11:11:20
生产产品	-5	868	第 6 年 4 季	2018-10-26 11:10:37
行政管理费	-10	873	第 6 年 3 季	2018-10-26 11:10:24
订单收入[编号：J6035]	535	883	第 6 年 3 季	2018-10-26 11:10:15
生产产品	-5	348	第 6 年 3 季	2018-10-26 11:09:51
生产产品	-5	353	第 6 年 3 季	2018-10-26 11:09:41
更新原料库[R3*6,]	-90	358	第 6 年 3 季	2018-10-26 11:09:24
行政管理费	-10	448	第 6 年 3 季	2018-10-26 11:09:17
购置厂房	-440	458	第 6 年 2 季	2018-10-26 11:09:11
生产产品	-10	898	第 6 年 2 季	2018-10-26 11:08:39
生产产品	-10	908	第 6 年 2 季	2018-10-26 11:08:30
生产产品	-10	918	第 6 年 2 季	2018-10-26 11:08:26
生产产品	-10	928	第 6 年 2 季	2018-10-26 11:08:24
生产产品	-5	938	第 6 年 2 季	2018-10-26 11:08:21
生产产品	-5	943	第 6 年 2 季	2018-10-26 11:08:18
更新原料库[R3*6,R1*3,R2*...	-135	948	第 6 年 2 季	2018-10-26 11:08:11
厂房租金	-44	1083	第 6 年 1 季	2018-10-26 11:08:01
行政管理费	-10	1127	第 6 年 1 季	2018-10-26 11:08:00

图 5-44　现金明细

（3）综合费用表

在"综合费用表"中会列出企业从开始运营年至当前运营年每年的综合费用情况，数据实时更新，如图 5-45 所示。

第 1 年

综合费用表	
项 目	金 额
管理费	40 K
广告费	0 K
设备维护费	20 K
损失	0 K
转产费	0 K
厂房租金	44 K
新市场开拓	50 K
ISO资格认证	20 K
产品研发	53 K
情报费	0 K
合 计	227 K

第 2 年

综合费用表

图 5-45　综合费用表

(4)利润表

在“利润表”中会列出企业从开始运营年至当前运营年每年的利润情况，数据实时更新，如图5-46所示。

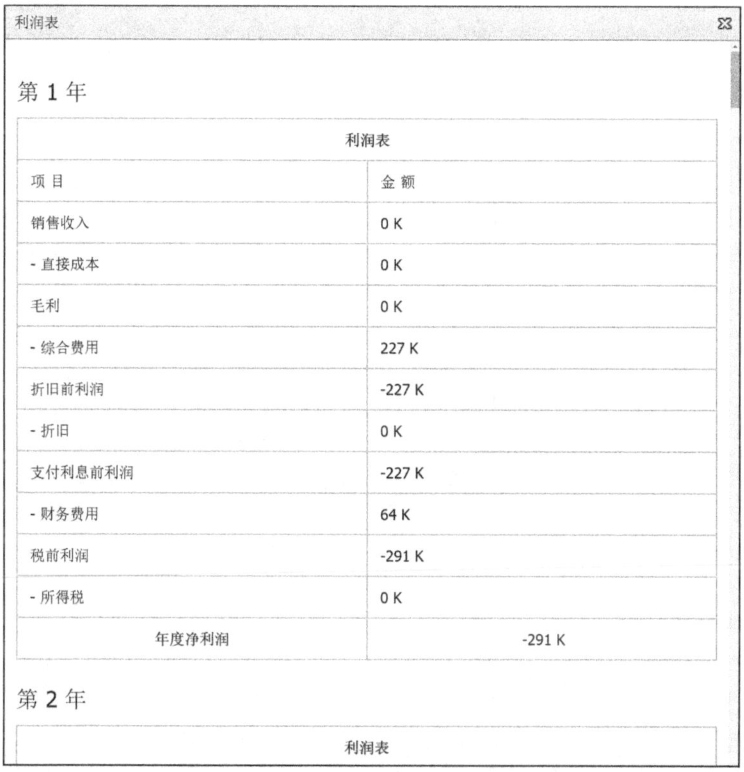

利润表

第1年

利润表	
项 目	金 额
销售收入	0 K
- 直接成本	0 K
毛利	0 K
- 综合费用	227 K
折旧前利润	-227 K
- 折旧	0 K
支付利息前利润	-227 K
- 财务费用	64 K
税前利润	-291 K
- 所得税	0 K
年度净利润	-291 K

第2年

利润表

图5-46　利润表

(5)资产负债表

在“资产负债表”中会列出企业从开始运营年至当前运营年每年的资产负债情况，数据实时更新，如图5-47所示。

(6)库存信息

在“库存信息”中会列出企业当前原材料以及产成品的库存情况，数据实时更新，如图5-48所示。

(7)银行贷款

在“银行贷款”中会列出企业当前所有长期贷款以及短期贷款的情况，数据实时更新，如图5-49所示。

(8)研发认证

在“研发认证”中会列出企业当前所有市场开拓、产品研发、ISO认证的情况，数据实时更新，如图5-50所示。

资产负债表

第 1 年

资产负债表

项 目	金 额	项 目	金 额
现金	649 K	长期负债	800 K
应收款	0 K	短期负债	0 K
在制品	0 K	——	
产成品	0 K	——	
原材料	360 K	——	
流动资产合计	1009 K	负债合计	800 K
厂房	0 K	股东资本	1000 K
生产线	100 K	利润留存	0 K
在建工程	400 K	年度净利	-291 K
固定资产合计	500 K	所有者权益合计	709 K
资产总计	1509 K	负债和所有者权益总计	1509 K

第 2 年

资产负债表

图 5-47 资产负债表

库存信息

原材料	现有库存
R1	1
R2	2
R3	3
R4	0

产成品	现有库存
P1	4
P2	0
P3	0
P4	2
P5	0

图 5-48 库存信息

银行贷款

贷款类型	贷款金额	贷款年限	贷款时间	还款时间
短期贷款	784K	1年	第6年1季	第7年1季

图 5-49 银行贷款信息

市场开拓

名称	开拓费	开拓周期	剩余时间	完成时间
本地	10K/年	1年	-	第1年
区域	10K/年	1年	-	第1年
国内	10K/年	2年	-	第2年
亚洲	10K/年	3年	-	第3年
国际	10K/年	4年	-	第4年

产品研发

名称	开拓费	开拓周期	剩余时间	完成时间
P1	10K/季	2季	-	第1年4季
P4	11K/季	5季	-	第2年3季

ISO认证

名称	开拓费	开拓周期	剩余时间	完成时间
ISO9000	10K/年	2年	-	第2年
ISO14000	10K/年	3年	-	第3年

图 5-50　研发认证

（9）厂房与生产线

在"厂房与生产线"中会列出企业当前所有厂房与生产线的安装及购置情况,数据实时更新,如图 5-51 所示。

编号	名称	状态	容量	购价	租金	售价	置办时间
1	大厂房	购买	0/4	440K	44K/年	440K	第1年1季
2	小厂房	购买	0/2	180K	18K/年	180K	第4年1季

编号	名称	所属厂房	产品	累计折旧	状态	剩余时间	新建时间	建成时间
1	半自动线	[1] 大厂房	P1	40K	生产中	1季	第1年1季	第1年2季
2	半自动线	[1] 大厂房	P1	40K	空闲	-	第1年1季	第1年2季
3	柔性线	[1] 大厂房	P1	160K	空闲	-	第1年1季	第2年1季
4	柔性线	[1] 大厂房	P1	160K	空闲	-	第1年1季	第2年1季
5	柔性线	[2] 小厂房	P4	40K	空闲	-	第4年1季	第5年1季
6	柔性线	[2] 小厂房	P4	40K	空闲	-	第4年1季	第5年1季

图 5-51　厂房与生产线信息

（10）订单信息

在"订单信息"中会列出企业从开始运营年至当前运营年每年的订单信息以及交单情况,数据实时更新,如图 5-52 所示。

编号	市场	产品	数量	总价	状态	得单年份	ISO要求	交货期	账期	交货时间
J3013	国内	P4	4	720K	已交单	第3年	9	4季	现金	第3年2季
J3014	国内	P4	2	360K	已交单	第3年	9	4季	现金	第3年3季
J3015	国内	P4	2	360K	已交单	第3年	9	4季	现金	第3年4季
J6035	本地	P4	3	535K	已交单	第6年	14	4季	现金	第6年3季
J6036	本地	P4	3	538K	已交单	第6年	9	4季	现金	第6年1季
D2078	区域	P4	2	302K	已交单	第2年	-	4季	2季	第2年4季
D4333	国内	P4	3	444K	已交单	第4年	9 14	4季	1季	第4年3季
D5499	国内	P4	2	292K	已交单	第5年	9	2季	2季	第5年1季
D5513	亚洲	P4	2	298K	已交单	第5年	-	4季	1季	第5年3季

图 5-52　订单信息

(11)其他操作

教师可对任一小组进行修改密码、修改状态以及注资的操作。

①修改密码

教师可直接对学生账号密码进行修改,输入新密码后点击"确定"即可,如图 5-53 所示。

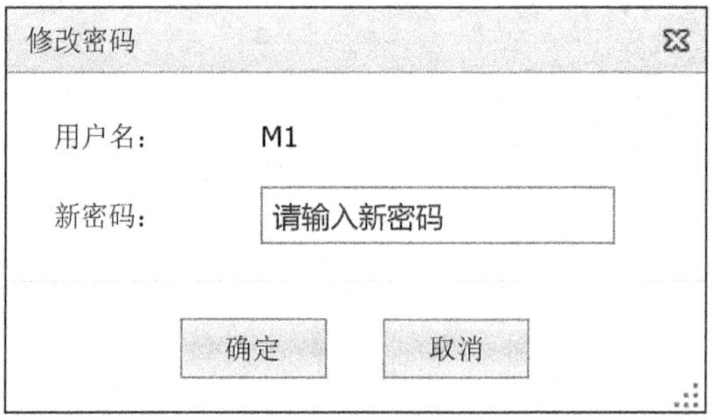

图 5-53　修改学生账号密码

②修改状态

企业状态可分为"正在运营"和"破产"两种,教师可根据实际情况进行选择,如图 5-54 所示。

③注资

教师在经营过程中可对企业进行注资,注资金额必须为正整数,且不大于 99999K,如图 5-55 所示。

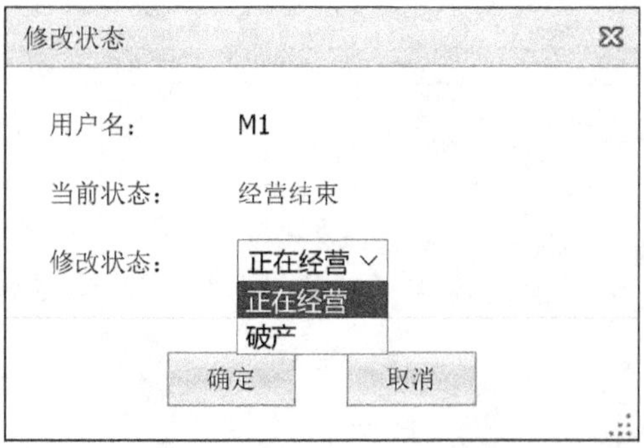

图 5-54　修改学生运营状态 　　图 5-55　注资

4. 短信息

教师可以使用"短信息"功能和各组学生进行交流。教师可以选择给所有学生或单个学生发送消息。如果在运营的过程中有学生进行破产、融资的申请，系统就会自动在"短信息"中提醒教师，如图 5-56 所示。

视频 短信息

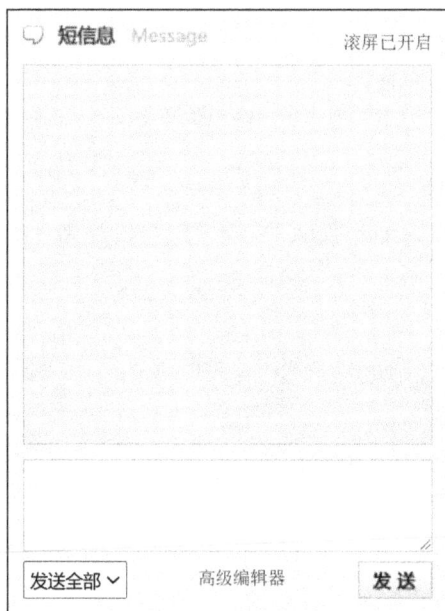

图 5-56　短信息

5.2　管理员端操作 > >>

使用"企业经营沙盘模拟系统"时，管理员只需登录服务器，即可完成管理操作，管理员端主要功能模块有"教师账号管理""默认订单方案"与"系统备份管理"，如图 5-57 所示。

图 5-57　系统管理员端界面

1. 教师账号管理

单击"教师账号管理",主要功能有"添加""编辑"和"删除",如图5-58所示。

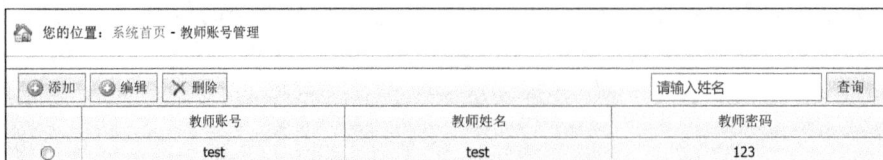

图 5-58　教师账号管理

（1）添加

单击"添加"后,管理员可增加教师的使用账号信息,如图5-59所示。注意:教师账号不允许重复。

（2）编辑

管理员只要选择相应的教师账号单击"编辑",就可对"教师账号""教师姓名"和"教师密码"进行修改,如图5-60所示。

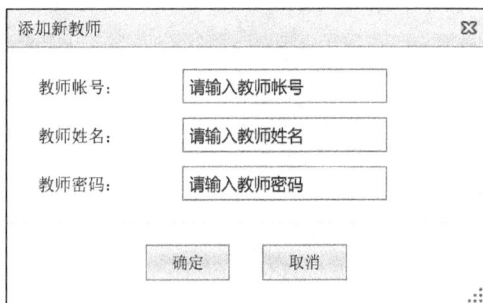

图 5-59　新增教师

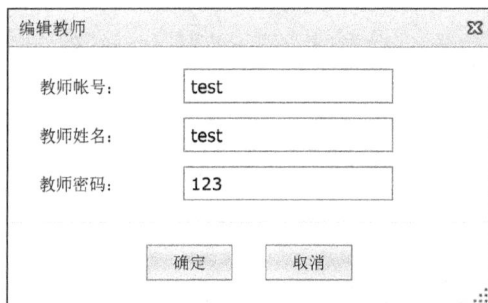

图 5-60　教师账号信息编辑

（3）删除

当某些教师账号不再使用时,可以把相应的账号信息删除,选择相应的教师账号单击"删除"即可。

（4）查询

当教师账号过多,可使用查询功能进行查找。输入需要查询的文字,可以查询所有"教师姓名"中包含该文字的账号信息,目前仅支持姓名的查询。

2. 默认订单方案

单击"默认订单方案",主要功能有"添加""编辑"和"删除",如图5-61所示。

（1）添加

根据默认订单方案的需要,管理员可以增加订单方案信息,单击"添加"后,添加相应的"方案名称",如图5-62所示。注意:方案名称不允许重复。

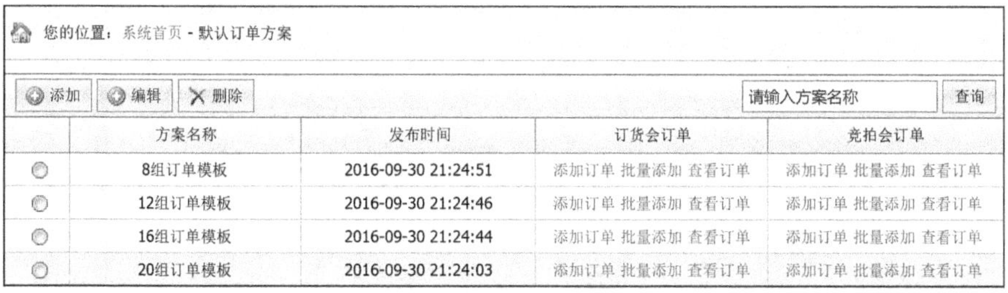

图 5-61　默认订单方案

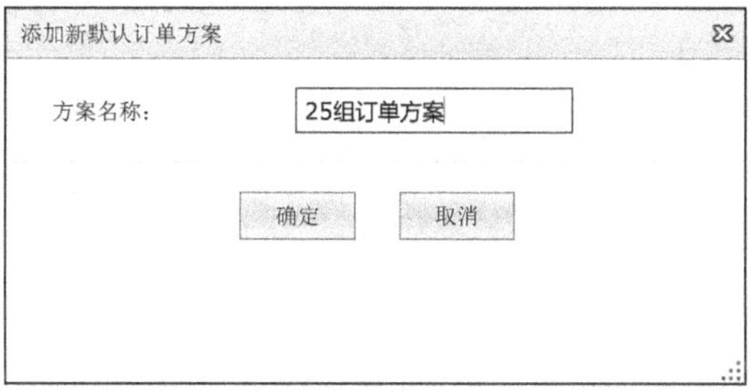

图 5-62　添加新默认订单方案

　　管理员添加默认订单方案后,可以对该方案添加新订单,点击"添加订单",如图 5-63 所示,选择"市场类型""产品类型""ISO 要求""交货期""账期"和"运营年",填写"产品数量"及"总价",填完后点击"确定"即可。

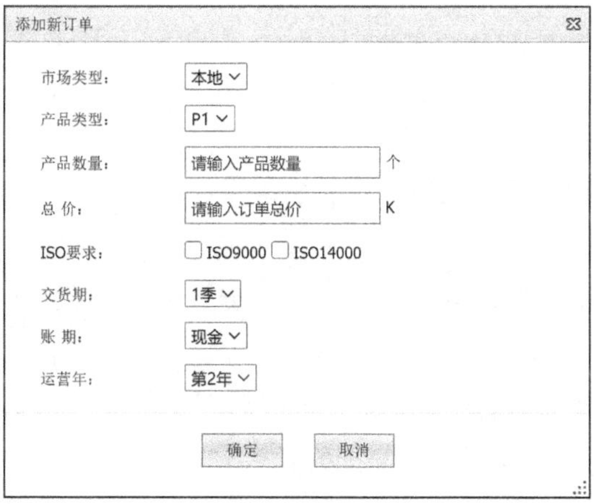

图 5-63　添加新订单

　　除了单个添加新订单外,管理员还可以对该方案批量添加新订单,点击"批量添加",如图 5-64 所示,选择"市场类型""产品类型"和"运营年",填写"订单数量""产品数量"及"产品单价"的范围,填完后点击"确定"即可。

　　添加默认订单方案完成后,可以查看该方案下的所有订单,点击"查看订单",如图 5-65 所示。

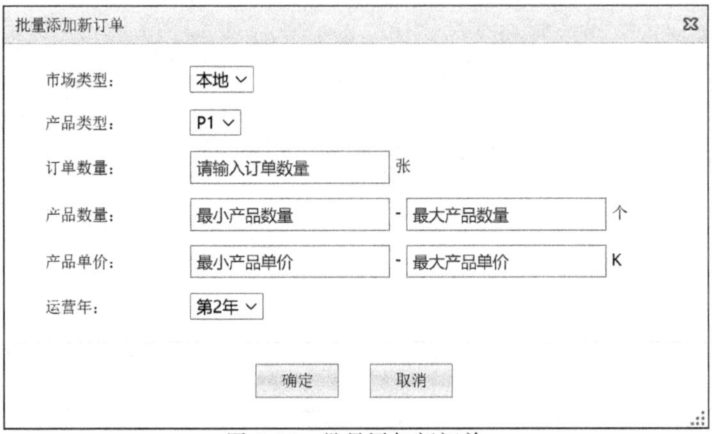

图 5-64　批量添加新订单

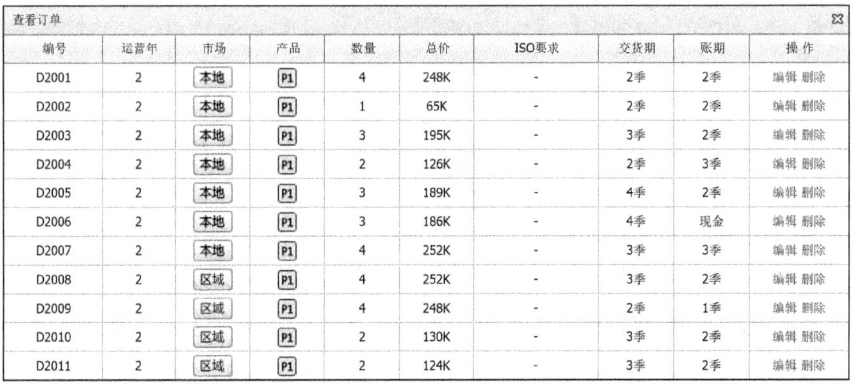
查看订单

编号	运营年	市场	产品	数量	总价	ISO要求	交货期	账期	操作
D2001	2	本地	P1	4	248K	-	2季	2季	编辑 删除
D2002	2	本地	P1	1	65K	-	2季	2季	编辑 删除
D2003	2	本地	P1	3	195K	-	3季	2季	编辑 删除
D2004	2	本地	P1	2	126K	-	2季	3季	编辑 删除
D2005	2	本地	P1	3	189K	-	4季	2季	编辑 删除
D2006	2	本地	P1	3	186K	-	4季	现金	编辑 删除
D2007	2	本地	P1	4	252K	-	3季	3季	编辑 删除
D2008	2	区域	P1	4	252K	-	3季	2季	编辑 删除
D2009	2	区域	P1	4	248K	-	2季	1季	编辑 删除
D2010	2	区域	P1	2	130K	-	3季	2季	编辑 删除
D2011	2	区域	P1	2	124K	-	3季	2季	编辑 删除

图 5-65　查看订单

(2)编辑

管理员可以根据需要选择相应的默认订单方案，单击“编辑”，对订单名称进行修改。

(3)删除

当某些默认订单方案不再使用时，管理员可以选择相应的默认订单方案，单击“删除”。

(4)查询

当默认订单方案过多时，管理员可使用查询功能进行查找。例如，输入需要查询的文字，可以查询所有“方案名称”中包含该文字的方案信息。

3. 系统备份管理

单击“系统备份管理”，主要功能有“备份”“恢复”和“删除”，如图 5-66 所示。

视频 系统备份管理

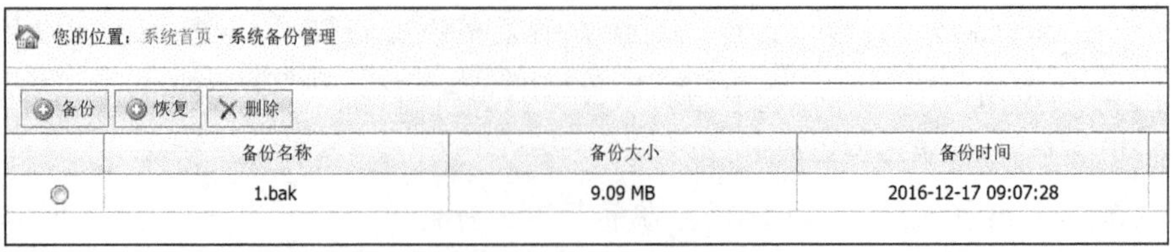
您的位置：系统首页 - 系统备份管理

备份　恢复　删除

	备份名称	备份大小	备份时间
○	1.bak	9.09 MB	2016-12-17 09:07:28

图 5-66　数据库备份

（1）备份

管理员可以将当前正在运行的数据库系统进行备份,单击"备份"后输入"备份名称",点击"确定"即可,如图 5-67 所示。注意:备份名称不允许重复。

测试题 系统
备份管理

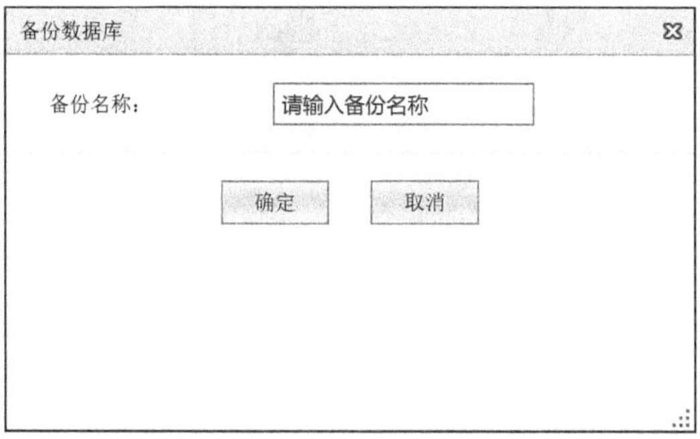

图 5-67　备份数据库

（2）恢复

管理员可以根据需要恢复相应时间点的数据备份,如选中的这条记录是在第四年投广告前备份的,单击"恢复"后,会回到第四年投广告前的时间点,如图 5-68 所示。

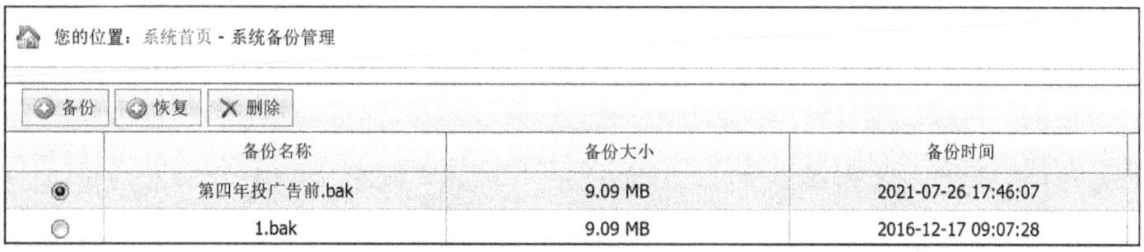

图 5-68　数据库恢复

（3）删除

管理员可以定期对相应的备份数据进行删除,以便节省服务器的磁盘空间,选中相应的备份记录,单击"删除"即可,如图 5-69 所示。

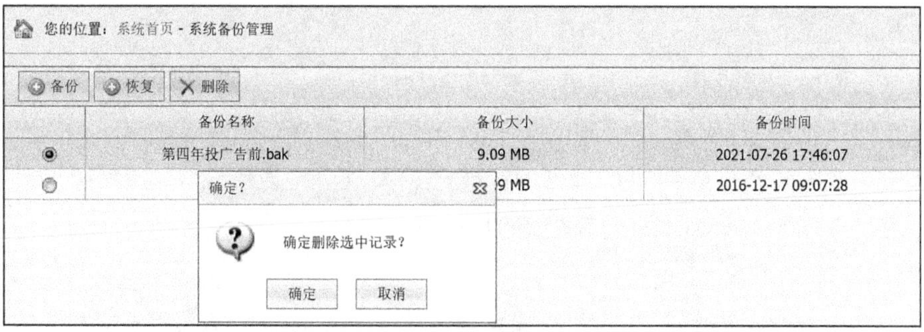

图 5-69　数据库备份删除

第6章　经营战略及技巧

学生只有在充分理解运营规则及熟练操作系统的基础上,才能对运营有深入思考并最终获得提升。运营提升攻略更多地体现在运营思维方面,利用数据分析辅助运营决策。

6.1　经营战略 > > >

俗话说:"凡事预则立,不预则废。""未曾画竹,而已成竹在胸!"同样,在 ERP 沙盘模拟前,你也要有一套战略成形于心,方能使你的团队临危不乱,镇定自若,在变幻莫测的比赛中笑到最后。

6.1.1　力压群雄——霸王战略

1.战略介绍

在开赛初,企业筹到大量资金用于扩大产能,保证产能第一,以高广告战略将生产产品售空,保证前期有足够的现金流用于扩建新的厂房与生产线,进一步增加产能。同时随着产品开发的节奏,企业由最开始占领的 P1、P2 市场向着利润更高的 P3、P4、P5 市场迈进,更快地完成产品的过渡,在竞争中始终保持主流产品销售量和综合销售量都第一。后期企业继续利用前期积累的现金流,用较高的广告战略保证不出现巨大的销售失误,保持所有者权益最高,稳扎稳打使对手望尘莫及,难以超越,最终直捣黄龙,拔得头筹。

2.运作要点

此战略制胜的关键点在于:一是有效的资本运作。自己有充足的资金用于扩大产能,并能抵御强大的还款压力,使资金运转正常,所以此战略对财务总监要求很高。二是精确的产能测算与生产成本预算。如何安排自己的产能来扩大节奏?如何实现零库存?如何进行产品组合与市场开发?这些都将决定着最终的成败!

3.评述

采用霸王战略的团队要有相当大的魄力,要像当年西楚霸王项羽那样,敢于破釜沉舟,谨小慎微者不宜采用。此战略的劣势在于,如果资金或广告投放在某一环节出现失误,那么会使自己陷入十分艰难的处境。由于过大的还款压力,可能将自己压至破产,像项羽那样自刎乌江,所以此战略风险很高。

6.1.2　忍辱负重——越王战略

1.战略介绍

采取越王战略的团队通常有很大的产能潜力,但起初广告投放失误,导致权益过低,处于劣势地位。企业在第二年不得不靠 P1、P2 维持生计,延缓产品研发,积攒力量,度过困难期。在第三年时,企业突然推出 P3 或 P4、P5,配以精准的广告战略,出其不意地攻占对手的薄弱市场并且出售自身的残余产能。在对手毫无准备时,用高广告战略进入对手市场,一口气出售所有产品,使得下一年拥有对手无法比拟的现金流,可以大量扩线、扩产来追赶甚至超越对手,最终"称霸中原"。

2.运作要点

此战略制胜的关键点在于:首先,要仔细分析对手的情况。企业要找到对手在市场中的薄弱环节,以最小的代价夺得市场,减少成本。其次,要进行现金测算。因为企业要出"奇兵"(P3 或 P4、P5),这些产品对现金要求很高,所以现金测算必须准确,避免到时因现金流断裂完不成订单而遭罚,那将前功尽弃,功亏一篑。

3.评述

越王战略,不是一种主动的战略,多半是在不利的情况下采取的,因此,小组成员要有很强的忍耐力与决断力,不要被眼前一时的困境所压倒,要学会"好钢用在刀刃上",节约开支,降低成本,先图生存再想夺占!

6.1.3　见风使舵——渔翁战略

1.战略介绍

当市场上有两家实力相当的企业争夺第一时,渔翁战略就派上用场了。首先,企业在产能上要努力跟上前两家的开发节奏。其次,企业要努力降低内部成本,每次的新市场开辟均采用低广告战略,规避风险、稳步经营,在那两家企业两败俱伤时立即占领市场。

2.运作要点

此战略制胜的关键点在于:第一,要"稳",即经营过程中一切按部就班。广告投入、产能扩大都是循序渐进,逐步实现,稳扎稳打的。第二,要利用好时机,抓住机遇。

3.评述

渔翁战略,在比赛中虽然很常见,但要成功一定要做好充分的准备,只有这样才能在机会来临时,一把抓住,让对手无法超越。

6.2 经营准备技巧 > >>

6.2.1 规则技巧分析

ERP 沙盘模拟就是一种"游戏式"的学习方式,既然是游戏就有其游戏规则,读懂并理解沙盘模拟规则是参与竞争的基础。在不断实战过程中,小组领悟并总结一些规则技巧,便于在竞争中获取优势。下面就部分核心规则相关技巧进行分析。

1. 融资规则技巧分析

融资是企业发展的基础,融资的方式、金额以及时机都是非常重要的决策。具体需要根据企业战略要求及运营情况的差异进行调整,以下介绍两个适用于任何情况的融资技巧。

(1)贷款金额优化

贷款利息采用四舍五入进行取整,可以根据这条规则选择适合少付贷款利息的金额,使贷款的效益达到最大化。

视频 融资规则技巧

例 6-1

贷款利息采用四舍五入的方式进行取整:

①若长期贷款利率为 8%,则选择贷款 18K、31K、43K、56K、68K、81K 等金额较为划算。

②若短期贷款利率为 5%,则选择贷款 29K、49K、69K、89K 等金额较为划算。

---

(2)运营最终年的贷款策略

根据规则,最后一年运营结束时,不要求归还还没有到期的各类贷款,且短期贷款的还款方式为到期一次性还本付息,那么在运营的最终年,将剩余的所有贷款额度以短期贷款的形式贷出,且不需要还本付息,可以充分利用贷款额来增加企业的综合发展潜力,从而达到增加系统总分的目的。

2. 厂房及生产线规则技巧分析

(1)厂房的选择

根据厂房总数不能超过 4 个,大厂房最大容量为 4 条生产线,中厂房为 3 条,小厂房为 2 条的规则,如果第一年只建 3 条生产线则最好选用中厂房,只建 2 条选用小厂房,这样厂房的利用率较高且所付出的单条生产线的成本更低。厂房选择时需要考虑第一年建生产线的条数,以便选择合适的厂房类型。根据规则,企业最多可以建 4 个大厂房,16 条生产线,由此可以预测经营 6 年的企业最

视频 厂房选择技巧

多能建多少条生产线,以便选择合适的厂房类型。例如,预测本企业最多能建 12 条生产线,那就尽量选择 4 个中厂房,这样有利于降低单位生产线的厂房资金成本。

（2）生产线的选择

根据规则,生产线建成当年需要缴纳维护费,建成下一年需要进行折旧。这样一来,若生产线能于第一季度安装完成,则可以较大限度地节约费用。

视频 生产线
使用技巧

例 6-2

若自动线安装周期为 3 个季度,维护费 20K,折旧 30K,则:

①企业第一年就选择建成自动线并开始生产,则从第一年开始每年需要缴纳 20K 维护费,并于第二年开始每年折旧 30K。

②企业第二年初建成自动线,即第一年第四季度投入最后一期安装费用,则从第二年开始每年需要缴纳 20K 维护费,并于第三年开始每年折旧 30K。

方案②比方案①在前期节约了 50K,仅少生产了一个产品,若产品的利润没有高于 50K,则可以选择方案②,反之则选择方案①。

3. 产品研发规则技巧分析

根据产品研发规则,P4 产品由 P1、R2、R3 三部分组成,P5 产品由 P2、R1、R4 三部分组成,所以在产品研发组合上主要有 P1＋P4、P2＋P5、P3 这三种产品组合策略。当然也可以采用 P1＋P3＋P4、P2＋P3＋P5 等产品组合策略,但不管如何选择,要选择 P4 就需要先选择 P1,选择 P5 就需要先选择 P2,而且对经营一家企业来说,产品策略应该非常明确,不能所有产品都进行研发,特别是在企业发展前两年资金紧张的时候。

视频 产品研发
规则技巧

4. 竞拍规则技巧分析

在经营的第三年与第六年会有一个竞拍会的环节。有企业在订货会上抢满订单之后会对竞拍会失去兴趣,其实不然,竞拍会一定要参加,根据以往的实战经验来看,分数较高的企业一般都在第三年与第六年的时候参加了竞拍会,获取了较高的收益。

（1）竞拍公式分析

$$得分 = 100 + (5 - 交货期) \times 2 + 账期 - \frac{8 \times 订单总价}{该产品直接成本 \times 数量}$$

假设得分为 g,交货期为 a,账期 b,订单总价为 c,该产品直接成本乘以数量为 d,而该产品直接成本是已知的,数量也是给定的,假设产品直接成本为 45,数量为 3,则:

视频 竞拍规则
技巧

$g = 100 + (5 - a) \times 2 + b - \frac{8c}{135}$,对 a、b、c 分别求偏导,得出 g:

$$\frac{\partial g}{\partial a} = -2$$

$$\frac{\partial g}{\partial b} = 1$$

$$\frac{\partial g}{\partial c} = -\frac{8}{135}$$

由公式中可知，b 的波动方向和 g 同方向变化，表示账期波动和得分正相关；a,c 波动方向和 g 反方向变化，表示交货期和订单总价的波动和得分负相关。

从这些等式中可以得出如下几点：

①交货期越短得分越高，账期越长得分越高；同时可发现账期引起得分波动的剧烈程度要小于交货期，那么就表明在保持其他条件不变的情况下，缩短交货期一个单位的得分要高于延长账期一个单位的得分。

②订单总价越低越好。因为 $d>1$ 恒成立，$-\frac{8}{135}$ 的绝对值小于 1，表明缩小订单总价一个单位引起得分波动的剧烈程度均小于缩短交货期一个单位和延长账期一个单位。这里有一个问题：交货期和账期的数值，交货期数值只有 1,2,3,4(4 个季度)供选择，账期的数值选择为 0,1,2,3,4，可见，最大的波动单位数是 4，而订单总价的波动单位数往往要大得多，所以订单总价最后对得分的影响还是要根据实际情况来进行分析。

（2）竞拍换单分析

假设某企业订货会的订单价格是 Z，竞拍会中出现了一个与该产品数量等同的订单，其实可以尝试参与竞拍。那么，价格如何制订呢？订单的违约费是 20%，且成功竞拍需要扣除 10K 竞拍费，所以竞拍价格 $X>1.2Z+10$。如果还要考虑延长账期，则还需增加可能扣除的贴息 Y，因此，$X>1.2Z+Y+10$。

5.系数得分规则技巧分析

$$系数得分 = 所有者权益 \times \left(1 + \frac{\sum 企业综合发展潜力}{100}\right)$$

设系统得分为 z，所有者权益为 x，企业综合发展潜力为 y，此时上式的表达式变成了 $z=x(1+0.01y)$，对 x、y 分别求偏导，得出：

$$\frac{\partial z}{\partial x} = 1+0.01y$$

$$\frac{\partial z}{\partial y} = 0.01x$$

（注：∂x 表示假定 y 不变的情况下，x 的波动程度；∂y 表示假定 x 不变的情况下，y 的波动程度）

将 $1+0.01y$ 和 $0.01x$ 进行比较：

（1）当 $x-y>100$ 时($1+0.01y<0.01x$)，这种情况表示 y 比 x 波动更剧烈，即企业综合发展潜力比所有者权益波动更剧烈；

（2）当 $x-y=100$ 时（$1+0.01y=0.01x$），这种情况表示 y 和 x 波动效果一样，即企业综合发展潜力和所有者权益波动效果一样；

（3）当 $x-y<100$ 时（$1+0.01y>0.01x$），这种情况表示 x 比 y 波动更剧烈，即所有者权益比企业综合发展潜力波动更剧烈。

然而在实战过程中，大多数企业会遇到第一种情况，也就是所有者权益比企业综合发展潜力值高 100 以上，此时应更关注企业综合发展潜力，它改变一点对系统得分的影响更大。

6.2.2　市场分析

6.2.2.1　市场分析概述

现实商业环境下，市场分析中非常重要的内容是供求关系的分析。所谓供求关系就是指在商品经济条件下，商品供给和需求之间的相互联系、相互制约的关系，它同时也是生产和消费之间的关系在市场上的反映。商品的价格因供求关系变化围绕价值上下波动，当某种商品供不应求时，价格高于价值，获利较多，就会扩大生产，从而使生产资料和劳动力流入这个社会生产部门，反之则退出这个部门。价值规律就是这样调节生产资料和劳动力的分配的，使社会生产各部门之间的比例关系大体上保持平衡。在 ERP 沙盘模拟课程当中，在开启单次模拟的情境下，市场的需求及商品价格是给定的状态，唯一不确定的因素就是商品的供给情况，这由竞争对手的决策而定，因此，本课程的市场分析着重在于分析既定的市场需求及价格，同时通过各种手段去分析各个市场的潜在供给量，从而找出有利市场、确定本企业的商品供给策略。

市场分析是在确定经营战略之前必须进行的工作，在 ERP 沙盘模拟系统中有本地、区域、国内、亚洲和国际五个市场。不同市场对不同产品的需求均不同，同一产品在不同市场的售价也不一样，即使同一市场，不同年份的需求和产品售价也并不完全相同，因此，有必要对各个市场进行详细的分析。

视频 市场订单分析

本地、区域市场是最基本的市场，也是兵家开局必争之地。多数情况下开拓本地、区域市场可以为企业积累大量的资金，缓解企业面临的现金流紧张的局面，为企业的可持续发展奠定基础。此外，本地、区域市场的开发费用较低（10K）、开拓时间较短（1 年），这也是其相对于国内、亚洲等市场的一个优势。综上所述，建议在第一年年末就开拓本地、区域市场，企业可以在两个市场销售产品，不仅可以有效解决产品积压的问题，还可以帮助企业争取市场老大的地位。

国内市场开发时间较为适中（2 年），在本地、区域市场竞争激烈的情况下，开拓国内市场能够有效缓解前期的竞争压力，为企业获得更多的销售机会。企业可根据具体的市场需求及生产战略决定是否进行国内市场开拓。

亚洲市场的开发期较长（3 年），国际市场是开发周期最长（4 年）的市场，且对产品的质量要求较高，不少订单都要求企业通过 ISO 9000 或 ISO 14000 认证，因此，若模拟经营的年限较长（6 年或 8 年），则建议开拓亚洲市场，考虑是否开拓国际市场；若模拟经营年限较短（4 年），则可根据企业的经营策略考虑是否开拓亚洲市场，完全没有必要开拓国际市场。

总体而言，企业一般需要开发3个及以上的市场，并且应该尽早开发，以便于达到开发效益最大化。当然，若企业现金不足，也可以暂停开发，待现金足够后再继续开发。

市场分析作为开始运营的首要工作，主要决定了企业未来运营的整体产品战略，同时对企业生产、财务等方面也有着重要影响。市场分析主要是对未来几年产品的毛利、需求量等进行分析，了解产品的未来走势，同时预估竞争情况，并最终制定企业合理的战略。

6.2.2.2 产品毛利分析

毛利代表着产品所能带来利润的能力，不同产品不同时期的毛利皆会有所差异，在前期报表填写的学习中可以发现毛利是销售收入减去直接成本，在分析单个产品的毛利时，可以用该年市场平均销售价格减去直接成本，从而进行深入分析。

视频 产品毛利分析

首先，需要结合系统给出的市场订单信息，如图6-1所示，利用Excel工具求出每年各产品的平均市场销售价格，如表6-1所示。

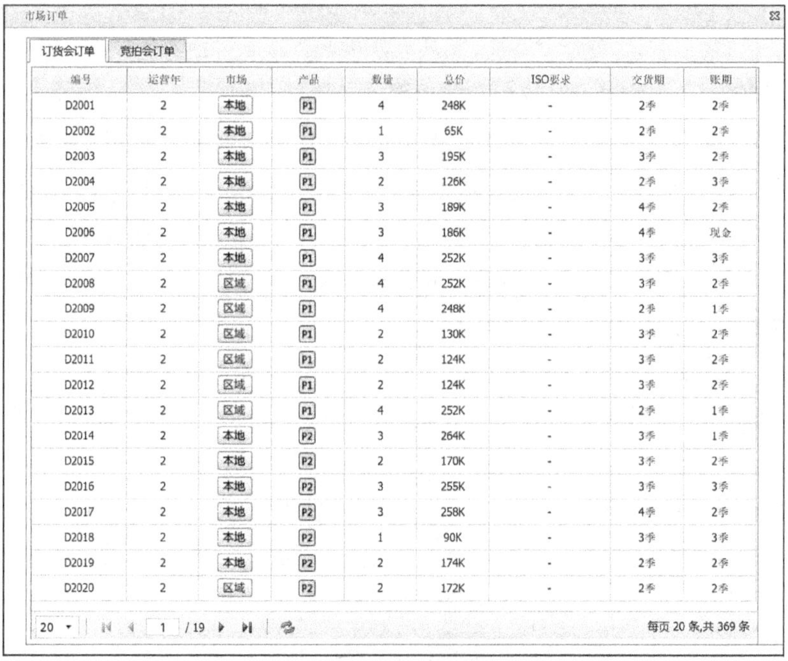

市场订单

订货会订单 | 竞拍会订单

编号	运营年	市场	产品	数量	总价	ISO要求	交货期	账期
D2001	2	本地	P1	4	248K	-	2季	2季
D2002	2	本地	P1	1	65K	-	2季	2季
D2003	2	本地	P1	3	195K	-	3季	2季
D2004	2	本地	P1	2	126K	-	2季	3季
D2005	2	本地	P1	3	189K	-	4季	2季
D2006	2	本地	P1	3	186K	-	4季	现金
D2007	2	本地	P1	4	252K	-	3季	3季
D2008	2	区域	P1	4	252K	-	3季	2季
D2009	2	区域	P1	4	248K	-	2季	1季
D2010	2	区域	P1	2	130K	-	3季	2季
D2011	2	区域	P1	2	124K	-	3季	2季
D2012	2	区域	P1	2	124K	-	3季	2季
D2013	2	区域	P1	4	252K	-	2季	1季
D2014	2	本地	P2	3	264K	-	3季	1季
D2015	2	本地	P2	2	170K	-	3季	2季
D2016	2	本地	P2	3	255K	-	3季	3季
D2017	2	本地	P2	3	258K	-	4季	2季
D2018	2	本地	P2	1	90K	-	3季	3季
D2019	2	本地	P2	2	174K	-	2季	2季
D2020	2	区域	P2	2	172K	-	2季	2季

20 ▾ | 1 /19 | 每页 20 条,共 369 条

图6-1 订单信息

表6-1 市场价格分析

序号	年份	产品	本地	区域	国内	亚洲	国际
1	第二年	P1	63.05K	62.78K	0	0	0
2	第二年	P2	86.50K	86.93K	0	0	0
3	第二年	P3	112.45K	113.44K	0	0	0
4	第二年	P4	149.80K	149.83K	0	0	0
5	第二年	P5	174.80K	175.40K	0	0	0
6	第三年	P1	61.88K	62.09K	61.50K	0	0
7	第三年	P2	86.25K	87.11K	86.47K	0	0

续表

序号	年份	产品	本地	区域	国内	亚洲	国际
8	第三年	P3	111.75K	111.72K	112.70K	0	0
9	第三年	P4	148.29K	149.43K	148.07K	0	0
10	第三年	P5	173.67K	173.38K	0	0	0
11	第四年	P1	60.86K	60.87K	60.71K	0	0
12	第四年	P2	86.47K	85.53K	87.08K	86.55K	0
13	第四年	P3	110.65K	0	111.63K	111.17K	0
14	第四年	P4	0	148.13K	147.00K	108.36K	0
15	第四年	P5	173.80K	173.92K	0	174.83K	0
16	第五年	P1	59.40K	0	58.48K	0	59.76K
17	第五年	P2	0	86.80K	86.45K	86.50K	0
18	第五年	P3	109.78K	109.50K	111.75K	110.86K	0
19	第五年	P4	0	0	147.40K	147.20K	146.84K
20	第五年	P5	0	174.50K	0	174.62K	173.10K
21	第六年	P1	61.00K	60.38K	0	59.92K	60.11K
22	第六年	P2	84.20K	0	86.18K	84.71K	0
23	第六年	P3	0	110.69K	111.95K	112.54K	112.31K
24	第六年	P4	147.00K	0	147.90K	147.33K	0
25	第六年	P5	0	136.93K	0	0	0

　　其次,根据产品的直接成本,如表 6-2 所示,我们可以计算出各产品每年的毛利,如表 6-3(a)所示。乍一看,产品的毛利基本是 P1<P2<P3<P4<P5,但要注意的是,P4、P5 为复合型产品,其包含了 P1、P2 的利润,所需生产能力是其他产品的 2 倍,为方便计算可直接将 P4、P5 产品的毛利除以 2,再进行对比分析,如表 6-3(b)所示。

表 6-2　产品直接成本

产品类型	P1	P2	P3	P4	P5
直接成本	25K	35K	45K	60K	70K
产品组成	R1+R3	R2+R4	R1+R3+R4	P1+R2+R3	P2+R1+R4

表 6-3(a)　产品毛利分析

序号	年份	产品	本地	区域	国内	亚洲	国际
1	第二年	P1	38.05K	37.78K	0	0	0
2	第二年	P2	51.50K	51.93K	0	0	0
3	第二年	P3	67.45K	68.44K	0	0	0

续表

序号	年份	产品	本地	区域	国内	亚洲	国际
4	第二年	P4	89.80K	89.83K	0	0	0
5	第二年	P5	104.80K	105.40K	0	0	0
6	第三年	P1	36.88K	37.09K	36.50K	0	0
7	第三年	P2	51.25K	52.11K	51.47K	0	0
8	第三年	P3	66.75K	66.72K	67.70K	0	0
9	第三年	P4	88.29K	89.43K	88.07K	0	0
10	第三年	P5	103.67K	103.38K	0	0	0
11	第四年	P1	35.86K	35.87K	35.71K	0	0
12	第四年	P2	51.47K	50.53K	52.08K	51.55K	0
13	第四年	P3	65.65K	0	66.63K	66.17K	0
14	第四年	P4	0	88.13K	87.00K	48.36K	0
15	第四年	P5	103.80K	103.92K	0	104.83K	0
16	第五年	P1	34.40K	0	33.48K	0	34.76K
17	第五年	P2	0	51.80K	51.45K	51.50K	0
18	第五年	P3	64.78K	64.50K	66.75K	65.86K	0
19	第五年	P4	0	0	87.40K	87.20K	86.84K
20	第五年	P5	0	104.50K	0	104.62K	103.10K
21	第六年	P1	36.00K	35.38K	0	34.92K	35.11K
22	第六年	P2	49.20K	0	51.18K	49.71K	0
23	第六年	P3	0	65.69K	66.95K	67.54K	67.31K
24	第六年	P4	87.00K	0	87.90K	87.33K	0
25	第六年	P5	0	66.93K	0	0	0

表 6-3(b)　产品毛利分析

序号	年份	产品	本地	区域	国内	亚洲	国际
1	第二年	P1	38.05K	37.78K	0	0	0
2	第二年	P2	51.50K	51.93K	0	0	0
3	第二年	P3	67.45K	68.44K	0	0	0
4	第二年	P4	44.90K	44.92K	0	0	0
5	第二年	P5	52.40K	52.70K	0	0	0
6	第三年	P1	36.88K	37.09K	36.50K	0	0
7	第三年	P2	51.25K	52.11K	51.47K	0	0
8	第三年	P3	66.75K	66.72K	67.70K	0	0

序号	年份	产品	本地	区域	国内	亚洲	国际
9	第三年	P4	44.15K	44.72K	44.03K	0	0
10	第三年	P5	51.84K	51.69K	0	0	0
11	第四年	P1	35.86K	35.87K	35.71K	0	0
12	第四年	P2	51.47K	50.53K	52.08K	51.55K	0
13	第四年	P3	65.65K	0	66.63K	66.17K	0
14	第四年	P4	0	44.07K	43.50K	24.18K	0
15	第四年	P5	51.90K	51.96K	0	52.42K	0
16	第五年	P1	34.40K	0	33.48K	0	34.76K
17	第五年	P2	0	51.80K	51.45K	51.50K	0
18	第五年	P3	64.78K	64.50K	66.75K	65.86K	0
19	第五年	P4	0	0	43.70K	43.60K	43.42K
20	第五年	P5	0	52.25K	0	52.31K	51.55K
21	第六年	P1	36.00K	35.38K	0	34.92K	35.11K
22	第六年	P2	49.20K	0	51.18K	49.71K	0
23	第六年	P3	0	65.69K	66.95K	67.54K	67.31K
24	第六年	P4	43.50K	0	43.95K	43.67K	0
25	第六年	P5	0	33.47K	0	0	0

为了更加直观地了解各产品每年毛利的波动情况,我们可以将以上数据图形化,对比分析产品的利润点,从而选择合适的产品。当然,除了考虑产品的利润外,我们还要考虑产品的需求量。

6.2.2.3　产品需求分析

产品毛利分析仅能明确单个产品的盈利能力,企业运营追求的是利润最大化,这就还与产品销售量相关。在ERP沙盘模拟中,产品需求是单次模拟中给定的,只有对产品需求进行分析,并对产品竞争对手、供给量进行合理预测,才能最终确定企业的具体产品策略。

产品需求分析主要从产品需求量及订单数两方面进行分析,了解市场的拥挤程度,初步规划企业的生产线及生产安排。

市场需求量及市场订单数皆可从系统给出的市场订单信息得出,市场需求量,如表6-4所示。

视频 产品需求分析

表 6-4 市场需求量统计 单位：个

序号	年份	产品	本地	区域	国内	亚洲	国际
1	第二年	P1	20	18	0	0	0
2	第二年	P2	14	15	0	0	0
3	第二年	P3	11	9	0	0	0
4	第二年	P4	5	6	0	0	0
5	第二年	P5	5	5	0	0	0
6	第三年	P1	24	11	14	0	0
7	第三年	P2	16	18	15	0	0
8	第三年	P3	12	18	15	0	0
9	第三年	P4	7	7	13	0	0
10	第三年	P5	12	13	0	0	0
11	第四年	P1	14	23	17	0	0
12	第四年	P2	15	15	12	20	0
13	第四年	P3	20	0	16	24	0
14	第四年	P4	0	16	13	11	0
15	第四年	P5	10	12	0	12	0
16	第五年	P1	25	0	23	0	25
17	第五年	P2	0	20	20	20	0
18	第五年	P3	9	14	20	14	0
19	第五年	P4	0	0	10	15	20
20	第五年	P5	0	8	0	13	13
21	第六年	P1	22	13	0	13	9
22	第六年	P2	15	0	14	14	0
23	第六年	P3	0	13	20	13	16
24	第六年	P4	10	0	20	9	0
25	第六年	P5	0	14	0	0	0

企业对每年总需求量进行汇总后，除以总组数（以 8 组为例）即可得出每年市场平均需求，如表 6-5 所示。每年平均需求可以作为各企业每年生产产能的参考，如第二年平均需求为 13.5 个产品，若生产产能过高，则较大可能会产生产品滞销的情况。此外，因市场竞争的不确定性，而出现部分市场拥挤、竞争激烈，部分市场宽松的情况。年平均需求值仅作为参考项，若该企业确定具体生产某类产品，则可以使用相同的分析思路，用该产品年总需求量除以预估竞争对手数量，大致确定本企业的生产产能。

表 6-5　市场需求量分析

	第二年	第三年	第四年	第五年	第六年
需求量总和	108.00	195.00	250.00	269.00	215.00
平均需求	13.50	24.38	31.25	33.63	26.88

市场订单数的分析是需求量分析的细化补充,统计方式相同,以第二年 P1 为例,本地市场订单数为 7,区域市场订单数为 6,总参赛企业数为 8,若本企业想生产 P1,则计划可拿到 1～2 个订单,约为 3～6 个产品数量,从而可以大致制订生产线的安排以及广告的投放。

通过产品毛利及需求分析,各企业最终可以制定未来 6 年合适的产品策略:运营初期用什么产品组合开局? 初期产品产能多少? 使用什么类型的生产线? 运营中后期如何调整产品策略?

6.2.3　运营方案制定

通过分析不同市场下各产品需求量、价格随着时间变动的情况,找出不同时间段的高利润、高现金流的产品,从而确定本企业运营的目标,主要为激进型、稳健型、保守型三种类型。企业经营目标的差异决定了本企业不同的发展策略及经营方案。在模拟经营过程中存在着若干事先不可控的因素,因此,学生在进行模拟经营之前需要准备多种方案,并通过预算,保证每个季度企业的现金流都不会断流。具体而言,企业的方案主要有市场领先型、市场跟随型和忍辱负重型三种。

市场领先型,即企业实施大规模的生产与销售,并且用高广告策略确保产品的销售量能保证前期企业的现金流充足,领先在起跑线,为后期的发展做好铺垫。采取该方案的企业应该从开场做起,最大限度地利用权益贷款,封锁本地市场最大利润销售线,利用长期和短期贷款相结合的方式进行组合贷款筹措大量现金,大力发展生产并走高端产品路线,给每个市场都施加巨大的压力,当对手也开始贷款时,利用他们的过渡期霸占市场,继续封锁销售路线,逼迫对手因无法偿还高额贷款利息而走向破产。此方案不可做任何保留,长期和短期双向贷款为的就是“广告＋科技＋市场＋生产线”能最早成型。不过需要指出的是,该方案存在着较大的风险,要实施大规模的生产与销售,巨额贷款在所难免,由此而产生的利息将会给企业的所有者权益带来相当大的压力,一旦企业无法在前期有足够的销售量,就无法取得足够的现金流,企业将很有可能破产。

市场跟随型,即企业采取较为保险的策略,把竞争的重点集中在企业的平稳经营上,在保证企业不破产的前提下进行适度的生产与销售,等机会在竞争激烈化后收拾残场,这样的企业一般不会破产,但也不会拿到第一。

忍辱负重型,采取此方案的企业在前两年举动较为特别,不发展新产品只增加生产线,或者不抢市场份额而利用贷款增加生产线走高科技路线。例如:有的企业在模拟经营的前期发展不顺畅而被迫贷款转型,靠占据新开发的市场来翻

视频 运营方案制定

盘;有的企业只研发 P1,尽量省钱在国际市场开放后一鼓作气垄断 P1 市场争取最大销售额;有的企业直接跳过 P2 的研发,从 P1 到 P3 转型,用新产品抢占市场份额,更有甚者在前三年争取最小的成本,后期单纯用 P4 赚取市场最大毛利来翻盘。

6.3 经营决策技巧 > > >

6.3.1 产能核算

产能核算是模拟经营中一个非常重要的工作。企业只有将产品生产出来,才能进行销售并获取利润。企业只有准确地核算出每个季度的产能,才能在参加订货会时准确地选单。企业通过市场分析确定具体产品策略时,就应该确定使用什么类型的生产线,因此,需要根据本企业的产品、生产线策略进行具体的排产工作,如表 6-6 所示,本表仅演示两年,实际使用中可按相同思路延续 6 年的排产。

生产线的排产必须以生产线安装及产品研发为前提,以 2 条手工线、2 条自动线,分别生产 P1、P3 为例,P1 最早开始生产的时间不早于第一年第三季,P3 不早于第二年第一季,随后在排产过程中需要遵循生产线的生产周期进行排产。

表 6-6　产品排产情况　　　　单位:个

产品类型	第一年				第二年			
	第一季	第二季	第三季	第四季	第一季	第二季	第三季	第四季
P1			2			2		
P2								
P3					2	2	2	2
P4								
P5								

工具 排产表

生产线的排产与产品产出、交货等(如表 6-7 至表 6-9 所示)紧密联系,因此,往往都需要利用 Excel 的公式建立起单元格之间的联系。根据表 6-6 排产情况中的数据以及生产线的生产周期,可以直接建立公式得出表 6-7 产品产出数据,如第一年第三季 2 条手工线生产 P1,则在排产期加上生产周期即为产出时间,即第二年第二季产出,利用公式也可自动完成计算。而表 6-8 产品交货情况则是在拿到具体订单后进行实际填写的。表 6-9 产品库存情况是每季度的产品库存,等于累计的产出减去累计的交货量,也可以建立公式得出数据,如表 6-8 所示,第二年第三季交货 2 个 P1、4 个 P3,则库存情况会自动生成每季度剩余库存量。企业通过灵活把控产品库存情况,可在选单之前掌握每季度的生产产能及交单能力,从而选择最合适的订单,实现利益最大化。

表 6-7　产品产出情况　　　　　单位：个

产品类型	第一年				第二年			
	第一季	第二季	第三季	第四季	第一季	第二季	第三季	第四季
P1						2		
P2								
P3						2	2	2
P4								
P5								

工具 产品产出表

表 6-8　产品交货情况　　　　　单位：个

产品类型	第一年				第二年			
	第一季	第二季	第三季	第四季	第一季	第二季	第三季	第四季
P1							2	
P2								
P3							4	
P4								
P5								

工具 产品交货表

表 6-9　产品库存情况　　　　　单位：个

产品类型	第一年				第二年			
	第一季	第二季	第三季	第四季	第一季	第二季	第三季	第四季
P1						2	0	
P2								
P3						2	0	2
P4								
P5								

工具 产品库存表

　　生产线排产的相关表格不用拘泥于这些形式，可以根据各企业偏好的风格进行个性化改良。表格的制作不是最终目的，能服务于企业的具体运营规划，便于更好地做出具体的运营决策才是最终目标。

　　在产能核算时，需要注意：

　　第一，准确计算每条生产线每个季度的生产情况。生产总监应该在每年年初准确地编制产品生产计划表，计算出企业在一年中可以完工的产品数量，并考虑转产的情况。

例 6-3

若企业拥有 4 条生产线,2 条自动线生产 P1,1 条自动线生产 P2,1 条柔性线生产 P2,则:

① 该企业一年的产能正常情况下是 8 个 P1 和 8 个 P2。

② 如果考虑柔性线转产的话,则该企业的产能是 8~12 个 P1,4~8 个 P2。

注:考虑转产的情况下要灵活增减相应产品的产能,且要保障转产产品的原材料供应。

第二,在年初将企业各种可能的产能核算出,以便于在选单时灵活应对。生产总监应在选单后,根据实际情况确定最终的产能,将原材料需求提供给采购总监,以便于采购总监及时下原材料订单。

第三,准确计算每季度所需的生产加工费用。任何产品的生产加工费用都是不同的,生产总监应该在年初就确定好每季度总的加工费用,并交给财务总监,以便于财务总监编制现金预算,合理安排资金。

6.3.2 原材料订购

原材料是企业正常生产的前提条件,而过多的原材料又会占用现金,给企业运营带来更大的资金压力。因此,在模拟经营中,采购总监必须制订科学合理的订购计划,准时、准确地订购原材料。在订购原材料的过程中,需要注意:

第一,准确计算原材料需求。在模拟运营中,原材料订购的最佳状态是零库存,也就是原材料入库后马上投入生产。这就要求采购总监准确计算原材料需求并下原料订单。由于生产 P1、P2、P3、P4 和 P5 的原材料需求各不相同,因此,必须根据企业的生产计划准确计算原材料需求,并考虑原材料订购提前期,确定每一季的原材料订购需求,如表 6-10 所示。

视频 原材料订购

表 6-10　原材料订购情况　　　　单位:个

原材料品种	第一年				第二年			
	第一季	第二季	第三季	第四季	第一季	第二季	第三季	第四季
R1		2		2	4	2	2	
R2								
R3	2		2	4	2	2		
R4			2	2	2	2		

工具 原材料订购表

第二,准确计算原料采购费用。采购总监应根据每一季的原材料订购需求,确定每一季原材料入库时所需支付的原材料订购费用,并及时将订购费用数据交给财务总监,以便于财务总监编制现金预算,及时安排资金。

第三,灵活应对企业生产计划的调整。在运营过程中,企业有可能为了提高利润,主动进行转产(如在模拟经营的后期,将生产 P1 的生产线转为生产 P2),也有可能因选单中没选到合适的订单而被迫转产。转产将会导致生产计划的调整,从而导致原材料订购计划的调整。因此,在模拟运营中,生产总监和采购总监必须灵活应对企业生产计划的调整,预先进行原材料的订购,避免因出现订购不及时或者订购错误而给企业带来损失。

6.3.3　广告投放

广告投放是决定企业经营能否成功最为关键的因素,科学合理的广告投放,不仅可以使企业选到合适的订单,还可以为企业节省资金,提高资金的使用效率。广告投放不合理,会给企业带来不小的损失,若广告投放过多,则会造成资金的浪费;若广告投放过少,则会使企业无法选到合适和足够数量的订单,造成产品积压。

企业在广告投放时需要对在哪些市场投放广告、哪些产品投放广告以及各自的投放额是多少等问题进行决策,需要注意:

第一,企业在投放广告时,必须认真地进行市场分析,根据市场需求有目的地投放广告,不能盲目投放给企业造成资金的浪费。由于第一年企业账面上看着比较充裕,且第一年广告是 6 年经营的基础,确定了企业前期的发展,所以不少企业在第一次投放广告时会有一些非理性的行为,存在广告额投放过多的问题。广告投放过多会导致企业现金流占用过多,从而产生一系列的问题。第一次广告投放过多,企业在第二年很有可能面临资金紧张的局面,企业将不得不推迟产品开发、使生产线停工,从而导致利润和所有者权益减少,并最终在经营对抗中落败。

第二,企业在投放广告时,应全方位考虑影响选单的各种因素。企业在决定广告投放策略时,需要事先了解每个市场对产品的需求情况和订单情况、竞争对手可能的广告投放策略、市场竞争的激烈程度、企业现状、企业生产能力、原材料订购情况和企业的重点市场等。只有在综合考虑了多种因素的基础之上,才能做出正确的广告投放策略。

视频　广告投放技巧

第三,争取广告投入效益最大化。选单的规则是:10K～29K 最多有一次选单机会,30K～49K 最多有两次选单机会,50K～69K 最多有三次选单机会。因此,企业在进行广告投放决策时,要尽可能争取广告投入效益最大化,也就是企业在投放广告时要尽可能使投放的广告产生效益。

例 6-4

若企业拥有本地、区域、国内三个市场,当年能生产 8 个 P2,所需订单数量为 2～3 张;预计每个市场有 6～7 张订单,而进入三个市场的企业均为 8 家,那么企业在三个市场的广告投放额基本在 10K～29K,金额不能过低,避免处于末位,这样在每个市场都能拿到一张订单的可能性就比较大。

6.3.4 选单与交单

企业科学合理的广告投放为选单奠定了良好的基础,但能否选到合适的订单,企业在参加订货会时必须随机应变,并注意:

第一,明确企业每个季度的生产和产品库存情况。不同的订单有不同的交货期要求,甚至部分订单要求在第一季交货,一般情况下,对交货期要求苛刻的订单价格会更高一些。因此,企业应该明确每个季度的生产和产品库存情况,在保证可以交货的前提下,尽量选择对交货期有特殊要求的订单。

视频 选单技巧

第二,配合企业的现金状况选单。企业在选单的时候,经常面临的一个问题是在订单之间做出选择,这个时候必须要考虑企业的现金状况。

例 6-5

若企业面临两张都是 3 个 P2 的订单,一张价格是 180K,账期是 2 季度,交货期是 4 季度;另一张价格是 200K,账期是 4 季度,交货期也是 4 季度。那么企业该如何选择呢?

一般而言,若企业的现金较多、资金运转问题不大,应该选择总价较高的订单,不太考虑账期;若企业的现金较为紧张,则应优先考虑账期较短的订单,加速资金的流转。

企业在选单时已经明确了订单交货的时间,大多数订单的交货期为 4 季度,允许提前交货,但不允许延期交货。由于企业每年的前 3 季都在生产产品,因此,有的订单可以提前交货。那么,哪些订单应该提前交货?如果企业可以做到合理的交单,就可以避免因贴现等行为而产生的不必要的财务费用。企业在确定交单顺序时,需要注意:

第一,根据企业现金的状况,按账期确定交单顺序。由于不同订单有着不同的账期,所以先交单和后交单会影响企业的现金回笼状况。如果企业的现金状况较好,那么一般选择先交账期较长的订单,后交账期较短的订单;若企业现金流较为紧张,为减少因贴现而造成的财务费用,企业应该先交账期较短的订单,后交账期较长的订单;若企业资金极为紧张,基本靠贴现才能保证现金不断流,则应交账期

视频 交单技巧

较长的订单,以保证现金能及时回流,使企业不会因现金流断流而破产。

第二,将订单的数量进行有效组合。一般情况下,企业在每一季都是尽可能地将所有产品按订单要求交货。如果碰到大的订单,那么企业可以有多种选择。

> **例 6-6**
>
> 若企业从第一季开始每季皆能新增 2 个 P2 的库存以供交货,企业的订单为:
>
> 订单①是 2 个 P2,账期为 3 季度,交货期为 4 季度;
>
> 订单②是 4 个 P2,账期为 1 季度,交货期为 4 季度。
>
> 那么,企业可以考虑第一季暂时不进行订单①交货,待第二季先对订单②进行交货,第三季再进行订单①交货。这样在保证总体订单皆能交货的前提下,企业能较早收到总额较大订单的货款,加速现金流转。

6.3.5　情报分析

情报分析是获取竞争对手运营信息的重要手段。情报的获取主要有两个来源:一是应急操作中有"情报"功能,该信息包括企业具体的运营情况,无须进一步推测运营策略;二是一般当每年所有企业运营结束时,裁判会下发各企业的财务报表数据。本节所介绍的情报分析,主要针对第二种情况,需要在熟练掌握财务报表填写功能的基础上,推测竞争对手的运营策略。

> **例 6-7**
>
> 以表 6-11 为例,第一年的财务报表情报分析尤为重要,即判断哪些是本企业的直接竞争对手——研发相同的产品,则需要分析"产品研发"指标。
>
> 表 6-11 中竞争对手一年的总研发费用为 64K,产品的研发规则如表 6-12 所示,可见,产生该研发费用的情况有:
>
> ① $64K=10K\times2+11K\times4$;
>
> ② $64K=10K\times4+12K\times2$;
>
> ③ $64K=10K\times3+11K\times2+12K$。
>
> 考虑到产品之间的组成关系及策略的合理性,第②种和第③种情况发生的可能性较低,因此,可以较确定地认为,该企业的产品策略是 P1 和 P4 的组合。以相同的思路可以快速在所有竞争对手中找出本企业的直接竞争对手,并进行下一步分析。

表 6-11 竞争对手第一年的财务报表

综合费用表		利润表	
项目	金额	项目	金额
管理费	40	销售收入	0
广告费	0	直接成本	0
设备维护费	0	毛利	0
损失	0	综合费用	208K
转产费	0	折旧前利润	−208K
厂房租金	44K	折旧	0
新市场开拓	40K	支付利息前利润	−208K
ISO 资格认证	20K	财务费用	0
产品研发	64K	税前利润	−208K
信息费	0	所得税	0
合计	208K	年度净利润	−208K

资产负债表

项目	金额	项目	金额
现金	112K	长期负债	0
应收款	0	短期负债	0
在制品	0	—	
产成品	0	—	
原材料	80K		
流动资产合计	192K	负债合计	0
厂房	0	股东资本	1000K
生产线	0	利润留存	0
在建工程	600K	年度净利	−208K
固定资产合计	600K	所有者权益合计	792K
资产总计	792K	负债和所有者权益总计	792K

表 6-12 产品研发规则

产品类型	单季研发费用	研发费用总额	研发周期/季	单个加工费	单个直接成本	产品组成
P1	10K	20K	2	5K	25K	R1＋R3
P2	10K	30K	3	5K	35K	R2＋R4
P3	10K	40K	4	5K	45K	R1＋R3＋R4
P4	11K	55K	5	10K	60K	P1＋R2＋R3
P5	12K	72K	6	10K	70K	P2＋R1＋R4

企业确定了直接竞争对手后，下一步就是了解竞争对手的生产能力。首先，企业可以通过生产线和在建工程了解对手的生产线情况；其次，企业可以通过在制品以及产成品指标来推测对手的生产能力。

例 6-8

通过表 6-11 中"厂房租金"44K 可知，该企业租用了一个大厂房，厂房容量为 4，在建工程为 600K，因此，该企业极有可能安装了 4 条自动线，且为了节约维护费推迟了安装进度，在第四季才进行最后一期的安装投资，第二年第一季才可以开始生产。

通过在制品、产成品的数据结合产品的研发分析，即可推测正在生产的产品以及库存产品的数量，本例中两指标皆为 0，即第二年第一季才可开始生产 P1，且 P1 是生产 P4 的原材料；P4 研发为 5 个季度，即第二年第二季才可开始生产，综合分析之后可推测第二年该企业的总产能是 4 个 P4，详见表 6-13。

以此类推，将比赛中所有直接竞争对手的产能做出详细分析，即可对比分析本年市场的拥挤程度、本企业是否具有交货期优势，从而决定广告投放策略。

表 6-13　竞争对手产能分析　　　　　　　　　　　单位:个

产品类型	第二年			
	第一季	第二季	第三季	第四季
P4			2	2

接下来要进行市场广告投放策略的分析，从财务报表中可以发现各企业的市场开拓情况，预判市场竞争的激烈程度，从而决定广告投放策略。

例 6-9

表 6-11 中"新市场开拓"费用为 40K，说明对手企业仅开拓了 4 个市场，这对于后期的竞争会有影响，减轻某年某一市场的竞争压力，根据市场预测数据，可以进行适当的推测，该对手很有可能未开发开拓期长且产品无较大需求的市场。

排除无产品需求的情况外，一般开拓期为一年的本地、区域市场皆会开发，因此，第二年的市场相对较为拥挤、竞争较为激烈。

此时可以分析竞争对手的现金情况，本例中竞争对手现金为 112K 较为充足。综合多家竞争对手的分析结果后，企业可以预判市场竞争的激烈程度，从而决定投放多少广告额会有较大竞争力。

　　财务报表中还可以分析竞争对手的所有者权益和贷款数据,从而了解该企业下一年是否能进行贷款,若贷款额度不足且应收款较少,则该企业现金流很有可能会出现短缺的情况,需在订货会时优先选择账期较短的订单,否则会增加破产的风险。

　　财务报表中有竞争对手的诸多信息,各企业需要根据自身的需求进行针对性分析,从而制定合适的竞争策略。本节主要针对财务报表数据的情报分析进行了详细的介绍,但情报的来源不仅于此,在订货会环节竞争对手的广告投放情况、选单风格等都是重要的情报,甚至现实赛场的对手状态也都是情报的范畴。竞争对手信息的收集和分析,必须建立在熟悉基础规则、灵活应用并综合分析的基础上,最终是为企业的战略、决策而服务。

第7章　经营财务分析

7.1 经营财务预算 >>>

资金是企业运行的命脉,如果企业的资金流断流,那么企业将面临破产。如何进行有效的财务预算,是企业在经营过程中必须做出的一个重要决策。而做好财务预算,最好的方式就是编制预算表。

预算是一种定量计划,通过协调控制每年运营时间内的现金、产品、权益等,保障总体运营计划可行,实现企业运营效益最大化。通过预算可以判断初定的产品、生产策略等是否可行,并进行优化调整,最终确定适合的方案。因此,预算表的编制皆是发生在运营之前,为运营筛选、优化可执行的方案。预算的制作主要通过预算表来完成,如表7-1所示。

预算表主要是企业运营现金流的预测,根据初定的产品、生产策略以及预期的贷款、贴现等情况填写,能够及时发现本次方案现金短缺等风险,且根据该表数据可以填写企业的财务报表,得知企业权益变化情况。第一年的预算表较为简单,多数是根据方案可确定具体的数据,但一年的预算无法判断方案是否可行、是否具有营利性,因此,一般预算表至少要做到第二年,但第二年的预算表中销售收入、应收款等数据是未知、不可控的,这就需要根据企业的广告投放以及市场订单的分析进行估算,估算的数值不可过于极端。通过第二年的预算表、财务报表,即可看到企业盈利的情况,若无所有者权益增长或现金流有断流的风险,则应当重新进行方案的优化、调整。不断重复以上步骤,企业也可以将后面几年的预算推演出来。一般而言,运营后期的不确定因素较多,预算的准确性及可执行性较低,因此,后几年的预算主要是判断方案的大体成长性,如演算是否扩建生产线、研发新产品等情况。

预算表主要是记录现金流动,主要内容皆是关于企业运营常规操作中所发生的现金流动,预算表中"现金"栏的主要作用是检测是否会出现现金短缺的情况,可建立公式自动生成数据,若出现负值,则说明企业面临资金流断流的风险,需及时进行调整。表7-1针对企业多个关键运营环节设置"现金"栏进行检测,各企业也可根据自身的运营习惯进行"现金"栏位置的调整。此外,"贴现金额""贴息""紧急采购"等可发生在运营的任意时间段,且表7-1中并未完全添加所有可能出现的紧急采购情况,因此,企业也可以根据实际情况进行位置的调整和栏目的添加。

视频 预算表

表 7-1 预算表

第一年				
所有者权益				
项目	第一季	第二季	第三季	第四季
现金				
贴现金额				
贴息				
广告费				
申请长贷				
现金				
短贷利息				
偿还短贷				
申请短贷				
现金				
原材料				
厂房				
新建/在建生产线				
生产加工费				
生产线转产				
出售生产线				
紧急采购				
现金				
更新应收款				
贴现金额				
贴息				
产品研发				
管理费				
新市场开拓				
ISO 资格认证				
违约损失				
应交税金				
长贷利息				
偿还长贷				
设备维护费				
租金				
现金				

工具 预算表

在编制预算表时,应当注意:

第一,明确贷款的额度,选择合适的贷款方式。贷款额度与企业的所有者权益是密切相关的,由于企业的所有者权益是动态变化的,因此,企业的贷款额度也是随之动态变化的。在进行贷款决策的时候,必须要用发展的眼光看待问题,避免出现因所有者权益不高而无法贷款,并最终出现现金流断流的局面。贷款额度和所有者权益的关系是:长期贷款＋短期贷款≤所有者权益的 80%。

第二,长期贷款和短期贷款的利息不同。长期贷款的利息是 8%,按年计算,最长可以贷5 年,如第一年申请长期贷款,第一年年末开始还利息;短期贷款的利息是 5%,只能贷款 1年,到期后连本带利一起归还。因此,企业要充分利用短期贷款的灵活性,根据企业资金的需要,分期贷出,这样可以减轻企业的还款压力。同时,长期贷款和短期贷款是分开计算利息的,短期贷款的利息低,长期贷款的利息高。可是,一个企业要有所突破,光靠短期贷款是不够的,最好的方法就是长期贷款与短期贷款相结合。

第三,预计各季度的现金流入。企业的现金流主要来自产品销售后收到的现金。在沙盘模拟中,产品销售后一般不会直接拿到现金,而是应收款。企业应该根据产品下线情况并结合订单情况,明确每个季度的产品销售收入以及对应的账期,从而明确每个季度能收到多少现金。

第四,根据开发或投资规划,确定每个季度开发或投资的现金流出。企业的开发或投资规划草案可以在编制预算表之前做出,也可以结合预算表的编制同时做出。如果事先已经做好了开发或投资规划,则应当测算出该开发或投资所需要的现金,并通过编制预算表来测算是否能在资金许可的范围内实施。

第五,根据企业的生产计划,确定各个季度需要为生产产品所付出的现金。在每年年初选单结束后,企业即可明确当年所需要生产的产品数量、生产的时间、需要投入的原材料费用和加工费用。企业应该为此进行核算并测算生产所需的现金是否在资金许可的范围内。

7.2　成本(费用)效益分析 >>>

沙盘模拟在评价各企业的运营成效时,可以进行综合的积分评价。这种评价虽然可以展现企业的整体经营业绩,但若经营不善时,则无法直观展示经营不善的原因。"人、财、物、产、供、销",哪个环节需要改进呢?如果仅仅依赖一个"系统得分"指标,就显得不够全面、说服力不足。

拓展阅读 成本(费用)效益分析

沙盘模拟的"精髓"在于让学生深刻体验并理解企业运营中"人、财、物、产、供、销"之间的逻辑关系,从而引申到对费用、效益、开源节流、决策、战略、流程和团队合作等方面知识的认识。以企业经营利润为例,利润是各项费用成本分摊的综合结果,若不能透彻地剖析各项费用成本分摊的得失,进而量化每个流程与环节的绩效并随时指导企业管理改进的方向,无疑会使沙盘模拟教学陷于"盲人摸象"的境地。那么,如何才能避免出现这种情况呢？运用成本费用效益分析法，计算出每种方案的成本（费用）和效益，并依据一定的原则，选择最优的决策方案，是一个有效的途径。

7.2.1　成本（费用）效益分析法概述

所谓成本（费用）效益分析就是将经营中可能发生的成本与效益归纳起来，利用数量分析方法来计算成本和效益的比值，从而判断某个方案是否可行的一种方法。成本（费用）效益分析的关键是计算各项费用的效益、成本分摊评价指标，如图 7-1 所示。结合沙盘模拟的需要，可以分别从以下 2 个因素考虑。

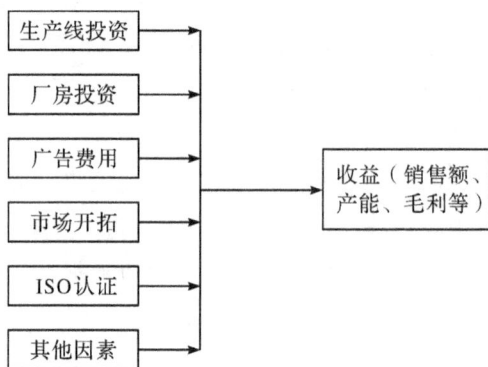

图 7-1　成本（费用）效益分析法框架

1. 投资效益指标

基本计算公式为：成本（费用）效益＝收益（销售额、产能、毛利等）÷该项成本（费用）

这一指标反映的是单位费用投资（1K）带来的收益是多少。比如，广告费用效益表示 1K 广告投资产生的销售额。效益越大，表示投资的回报率越大。

2. 成本分摊指标

基本计算公式为：成本（费用）分摊＝该项成本（费用）÷收益（销售额、产能、毛利等）

这一指标是上一指标的倒数，其反映的是在单位销售额当中，该项费用所占的成本比率。比如，广告成本（费用）分摊比率为 0.23 时，说明在 1K 销售额当中，广告成本（费用）占 23%。分摊越小，成本越低。

7.2.2　投资效益分析

企业如何进行投资？在沙盘模拟之初，很多学生不清楚从哪些角度进行规划，常常陷于盲目、冲动的状态中，设备买了又卖掉，大量投入研发费用造成因中途资金流断流而搁置，从而形成"半吊子工程"等。从对资金使用的规划角度出发，企业主要有以下几种投资：生产线投资、厂房投资、产品研发投资、广告费用投资、市场开拓与 ISO 认证费用投资、财务费用投资和行政管理费用投资等。

1. 生产线投资效益分析

生产线投资主要考虑投资回收期以及厂房占用等因素。

（1）投资回收期分析

投资回收期就是使累计的经济效益等于最初的投资费用所需的时间。投资回收期的计算过程，综合反映了维护成本分摊、折旧成本分摊等因素。

拓展阅读 投资回收期

例 7-1

以生产 P2 为例，假设 P2 平均售价为 70K/个，资金成本按长期贷款利率 8% 计算，其他数据按运行规则规定，则各类型生产线投资回收期分析，如表 7-2 所示。

从表 7-2 的分析结果可以看出：

①投资柔性线资金回收期最长，虽然不受产品品种限制，但价格昂贵，不宜多建；

②半自动线投资回收期最短，在资金有限的情况下是比较好的选择；

③手工线投资回收期也较短，虽不受产品品种限制，但需要考虑是否能适应未来急剧膨胀的市场需求；

④自动线应当最为理想，投资回收期适中且毛利高，虽不受产品品种限制，但必须考虑其转产时会限制订单选择。

表 7-2　生产线投资回收期分析

生产线	购置费	残值	维护费	资金成本（8%）	年产出/个	平均单价	单位成本	毛利	回收期/年
手工线	35K	5K	5K	2.80K	1.33	70K	35K	46.55K	0.77
半自动线	50K	10K	10K	4.00K	2.00	70K	35K	70.00K	0.71
自动线	150K	30K	20K	12.00K	4.00	70K	35K	140.00K	1.11
柔性线	200K	40K	20K	16.00K	4.00	70K	35K	140.00K	1.54

（2）厂房占用分析

从厂房占用角度分析，根据沙盘模拟规则，最多可以建 4 个厂房，厂房最多可容纳 16 条生产线，安装自动线或柔性线生产产品，最高可以达到 64 个/年的产能；而安装半自动线最高可达 32 个/年，且厂房租金或资金成本是相同的。

经过以上分析之后，可以清楚知晓在该规则下，投资自动线是较为理想的选择，但前提是企业必须准确地进行产品定位，避免频繁转产。

2. 厂房投资效益分析

在沙盘模拟中，许多企业认为买厂房不如租厂房。理由是如购买大厂房需要 440K，租金只有 44K/年，6 年经营下来总租金也只有 264K。出现这一错误观点的原因是不清楚什么是资产或什么是费用,混淆了费用与资产的概念。根据规则,厂房是不计提折旧的,如此,购买厂房只是资产形态发生了改变,从货币资金转变成了固定资产而已,对于利润没有影响。即便购买厂房是使用长期贷款,440K 贷款每年利息 36K,六年财务费用 216K 比租金还少。经过上述分析,企业可以清楚知晓充分融资购买厂房可以大大降低经营成本。

当然,需要注意的是,购买厂房会导致大部分现金被占用,其他经营资金将进一步减少,应根据经营战略进一步统筹规划。

3.产品研发投资效益分析

在沙盘模拟中经常出现许多企业较快地完成 P2、P3 的研发,甚至有的企业很快把 P4、P5 也研发完成了,但市场需求不足导致了研发资金的不合理占用。对于产品的研发投入,企业必须根据产品的市场需求进行合理安排。产品研发需要注意以下几点:

(1)产品研发战略不清晰,产品定位不准,要么过早投入研发造成资金的不合理占用,要么过迟投入达不到盈利的销售量,结果势必造成研发成本过大;

(2)主打产品不清晰,资源使用过于分散,受产能局限、产品生命周期等影响,每个产品的经营都"形同鸡肋",研发成本过高;

(3)由于 P4 的生产需要 P1 作为原材料,P5 的生产需要 P2 作为原材料,所以制定产品组合战略时必须考虑相应的组合;

(4)P3 作为一个中端产品,可以采用单一产品策略,也可以采用与其他产品组合在一起的策略。在沙盘模拟中有单独采用 P3 战略的,也有采用 P1、P3、P4 或者 P2、P3、P5 产品组合战略的,当然这个需要根据竞争对手的情况进行调整。

4.广告费用投资效益分析

广告费用投资效益的"优劣"评价原则应当是用最小的广告投入,拿回价格适当、满足可销售量的订单。广告费用投资效益不好的原因大致有以下几个方面:

(1)市场定位不清晰

最简单的原因就是没有进入毛利大、数量大的市场,订单量不足。结果是销售额过低,相对广告费用成本过高。

(2)产品定位不清晰

有限的生产能力没有定位在毛利大的产品上,低端产品过多造成广告费用过高。

(3)对竞争对手分析不足

广告投放时缺乏对竞争对手的理性分析,受到非理性竞争对手的广告投放影响,盲目提升广告费用,造成广告成本过高,或未合理制定广告策略,造成"优势订单"的流失。

5.市场开拓与 ISO 认证费用投资效益分析

市场开拓与 ISO 认证费用的投资效益分析大致与广告费用情况相同。

6.财务费用投资效益分析

财务费用投资效益提高的思路应当是融资的前瞻规划、现金流的实时控制。财务费用投资效益不好的原因主要有:

（1）融资策略不当

各种贷款中利息最低的是短期贷款。如果企业对于资金没有规划意识、过多地进行长期贷款，那么势必会造成财务成本过高。

（2）现金流控制不当

现金流诊断是沙盘模拟经营中判别计划可行性与否的唯一标准。如果企业缺乏现金流控制意识，未理解"企业命脉"的重要含义，特别是没有进行全年计划的可行性判断，在现金流不足时过多地使用贴现，那么会造成很高的财务成本。

7.行政管理费用投资效益分析

提升行政管理费用效益的思路就是扩大销售规模。行政管理费用效益不佳的原因只有一个，那就是销售额太低。因为各企业的行政管理费用是相同的，每年40K，所以销售额大自然分摊比例就小。一个企业"做大做强"的口号是有"次序"关系的，企业做大了，各项固定成本的分摊比率自然降低。

7.3 本量利分析 >>>

在沙盘模拟中，在市场定位与产品定位等战略决策分析上，往往要决策究竟研发哪个产品，是研发 P2 还是 P4；同时还要决策什么时间研发合适，是第二年还是第三年研发。依据究竟是什么？过早或过晚研发对企业经营的影响又是什么？如果仅仅以"利润"指标为依据就"盲目"地进行评价显得不够全面、说服力不足。许多企业在经营不善时，将原因归结为广告投放失误、订单太少、销售额太低、没有及时贷款等，往往忽略了战略决策中的产品定位问题，而产品定位决策失误可能恰恰是导致经营失败的最关键因素之一。因此，在经营实践中，进行各产品的本量利分析，是考虑产品定位的一个重要方法。

7.3.1 本量利分析概述

1.本量利分析的定义

本量利分析是成本、业务量和利润三者依存关系分析的简称。它是指在成本习性分析的基础上，运用数学模型和图式，对成本、业务量、利润之间的依存关系进行具体的分析，研究其变动的规律性，以便为企业进行经营决策和目标控制提供有效信息的一种方法。

拓展阅读 本量利分析

本量利分析，以研究成本和业务量的关系为基础，通常被称为成本性态研究。所谓成本性态，是指成本总额对业务量的依存关系。业务量是指企业的生产经营活动水平的标志量。它可以是产出量、投入量，也可以是实物度量、时间度量和货币度量。当业务量变化后，各项成本会有不同的性态，大体上可以分为三种：固定成本、变动成本和混合成本。固定成本是不受业务量影响的成本；变动成本是随业务量增长而成正比例增长的成本；混合成本介于固定成本和变动成本之间，可以将其分解为固定成本和变动成本两个部分。

2.本量利分析的前提条件

在现实经济生活中,成本、业务量和利润之间的关系非常复杂。例如,成本与业务量之间可能呈线性关系也可能呈非线性关系;销售收入与销售量(业务量)之间也不一定呈线性关系,因售价可能发生变动,而无法判断利润与业务量之间的关系。为了建立本量利分析理论,必须对上述复杂的关系做一些基本假设。

(1)相关范围和线性关系假设

由于本量利分析是在成本性态分析基础上发展起来的,所以成本性态分析的基本假设也就成为本量利分析的基本假设。在相关范围内,固定成本 y_1 总额保持不变,即常量 a,变动成本 y_2 总额随业务量 x 变化成正比例变化,斜率为常量 b,前者用数学模型来表示就是 $y_1 = a$,后者用数学模型来表示就是 $y_2 = bx$,所以,总成本 y 与业务量 x 呈线性关系,即 $y = a + bx$。相应的,假设售价 p 也在相关范围内保持不变,则销售收入 s 与业务量 x 之间也呈线性关系,用数学模型来表示就是以售价为斜率的直线 $s = px$。

(2)品种结构稳定假设

该假设是指在一个生产和销售多种产品的企业里,每种产品的销售收入占总销售收入的比重不会发生变化。但在现实经济生活中,企业很难始终按照一个固定的品种结构来销售产品,如果销售产品的品种结构发生较大变动,那么必然导致利润与原来品种结构不变假设下预计的利润有很大差别。有了这种假设,就可以使企业管理人员关注价格、成本和业务量对利润的影响。

(3)产销平衡假设

所谓产销平衡就是企业生产出来的产品总是可以销售出去的,能够实现生产量等于销售量。在这一假设下,本量利分析中的量是指销售量而不是生产量,进一步讲,在销售价格不变时,这个量就是指销售收入。但在实际经济生活中,生产量不一定等于销售量,这就会对本期的利润产生影响。

正因为本量利分析是建立在上述假设的基础上,所以一般只适用于短期分析。在实际工作中进行本量利分析时,必须从动态的角度去分析企业生产经营条件、销售价格、品种结构和产销平衡等因素的实际变动情况,调整分析结论。

3.本量利分析的相关计算公式

$$利润 = 销售收入 - 总成本$$
$$= 单价 \times 销量 - 变动成本 - 固定成本$$
$$= 单价 \times 销量 - 单位变动成本 \times 销量 - 固定成本$$

这个公式明确表达了本量利之间的数量关系,它含有 5 个相互联系的变量,给定其中 4 个,便可求出另一个变量的值。

$$边际贡献 = 销售收入 - 变动成本 = 单位边际贡献 \times 销量$$
$$单位边际贡献 = 单价 - 单位变动成本$$

$$边际贡献率 = \frac{边际贡献}{销售收入} \times 100\%$$

$$= \frac{单位边际贡献 \times 销量}{单价 \times 销量} \times 100\%$$

$$= \frac{单位边际贡献}{单价} \times 100\%$$

当涉及多个产品的时候,则使用加权平均的方法来计算总的边际贡献率。

盈亏临界点是指企业收入和成本相等的经营状态,即边际贡献等于固定成本时,企业所处的既不盈利也不亏损的状态。确定盈亏临界点是进行本量利分析的关键,为企业成本控制及市场营销指明了方向。

$$盈亏临界点销售量 = \frac{固定成本}{单价 - 单位变动成本}$$

$$= \frac{固定成本}{单位边际贡献}$$

$$盈亏临界点销售额 = \frac{固定成本}{边际贡献率}$$

$$盈亏临界点作业率 = \frac{盈亏临界点销售量}{正常销售量} \times 100\%$$

安全边际是指正常销售额超过盈亏临界点销售额的差额,它表明销售额下降多少企业仍不致亏损。安全边际率则是指安全边际与正常销售额(或当年实际订货额)的比值。

$$安全边际 = 正常销售额 - 盈亏临界点销售额$$

$$安全边际率 = \frac{安全边际}{正常销售额} \times 100\%$$

安全边际和安全边际率的数值越大,企业发生亏损的可能性越小,企业就越安全。

7.3.2　本量利分析的应用

本量利分析在 ERP 沙盘模拟实训中具有较强的实用价值。各企业在经营时,往往凭主观臆断来进行经营决策,没有结合所给出的市场预测资料和自己目前的资产状况来进行指标分析,从而让自己的经营陷入被动的局面。如在广告投放时,不能确定自己所能给出的最大广告投入量;在制订了广告投放的市场分布和计划要实现的利润后,依旧不清楚自己应该在各个细分市场获取多少订单。而借助于本量利分析工具,企业对所提供的数据进行分析后,将可以获取以上决策所需的指标。

例 7-2

假设在某企业经营的第三个年度,拥有 5 条生产线,3 条自动线(在第二年建设完工),2 条半自动线(在第一年建设完工)。

相关费用有:管理费 10K/季,广告费 50K,生产线的设备维护费 80K,市场开拓费用 30K,P3 的研发费用 40K,利息费用 17K。

另外,P1 单位变动成本为 25K,平均售价为 50K;P2 单位变动成本为 35K,平均售价为 70K;P3 单位变动成本为 45K,平均售价为 95K;P4 单位变动成本为 60K,平均售价为 130K;P5 单位变动成本为 70K,平均售价为 150K。

如何进行本量利分析? 从以上提供的资料来看,本量利分析中所需要的销售收入和单位变动成本的数据都已给出,关键是如何确定固定成本数据。该案例的固定成本包括三个部分:固定产品成本、固定销售费用和固定管理费用。固定产品成本由生产线的折旧来进行归集,固定销售费用则由综合费用表中的广告费和市场开拓费用两项组成,除了这两项之外,综合费用表中的其他项以及财务费用组成了固定管理费用的数据。

计算分析如下:

①单位边际贡献　　P1＝50K－25K＝25K

P2＝70K－35K＝35K

P3＝95K－45K＝50K

P4＝130K－60K＝70K

P5＝150K－70K＝80K

②固定产品成本＝自动线折旧额＋半自动线折旧额＝30K×3＋10K×2＝110K

③固定销售费用＝广告费＋市场开拓费＝50K＋30K＝80K

④固定管理费用＝管理费＋维护费＋研发费用＋利息费用＝40K＋80K＋40K＋17K＝177K

⑤单种产品盈亏临界点销售量　　P1＝(110K＋80K＋177K)/25K＝15 个(向上取整)

P2＝(110K＋80K＋177K)/35K＝11 个

P3＝(110K＋80K＋177K)/50K＝8 个

P4＝(110K＋80K＋177K)/70K＝6 个

P5＝(110K＋80K＋177K)/80K＝5 个

⑥单种产品盈亏临界点作业率　　P1＝15 个/16 个＝93.75%

P2＝11 个/16 个＝68.75%

P3＝8 个/16 个＝50%

P4＝6 个/16 个＝37.5%

P5＝5 个/16 个＝31.25%

从单位产品的盈亏分析可以看出,由于 P1 的盈利能力较弱,所以需要盈亏临界点销售量较大,这就要求有较大的市场容量。但根据市场预测分析,除国际市场外,P1 市场需求在逐年下降。同时,由于盈亏临界点销售量占当期最大产能的 93.75%,未来保持盈利增长的空间有限。

P2 的盈利能力较 P1 有所提高,但在所有产品中总体处于下游位置,所需的盈亏临界点销售量仍较大。P2 前两年市场容量较小,后期才有所提升,但最终仍然回落,因此需要结合具体的竞争情况进行产品搭配,无法作为长期的主打产品。

P3 是第二至第五年市场的主导产品,应当尽早投入研发并及时进入该产品市场。但 P3 的经营,需要深入分析竞争对手的情况。如果 5~6 个企业都在经营 P3,按照预测的市场订单总需求计算,这个产品要盈利是很困难的,因为经营 P3 的各企业年平均获得订单总产品数很难超过 6 个。正因如此,激烈竞争的广告费用会导致固定成本大大增加。

P4 和 P5 两种产品盈利能力较强,但两者的产品研发周期长,投入市场较晚,显然不能作为前期的主打产品。P5 相对于 P4 而言,盈利能力更强一些,但 P5 的市场需求量相对 P4 而言要小一些,因此,后期研发哪类产品更需要充分分析竞争对手的情况,尽量避开市场竞争激烈的产品。

7.4 经营结果的整体评价与分析 >>>

7.4.1 经营结果的整体评价

沙盘模拟经营结束后,在评价经营成果时,不能仅采用"利润"指标进行评价。采用"利润"指标进行评价虽有一定的道理,但如果仅仅依赖"利润"指标来断定经营的"成功与失败"显然不够全面,说服力也不足。一个"利润"指标不能完全体现企业未来的成长性和发展性。若过度地将注意力放在暂时的"利润"方面,无疑会使沙盘模拟这种优秀的教学模式陷于片面侧重短期盈利的境地。那么,应该如何比较"公正"地对沙盘模拟经营结果进行

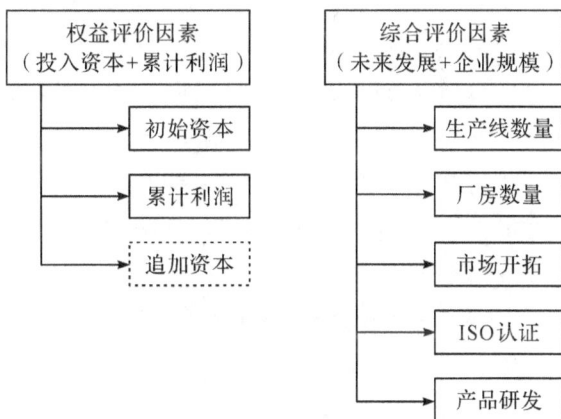

图 7-2 整体评价框架

评价呢?首先,"利润"肯定是一个关键因素。盈利的"多与少"是各企业沙盘模拟经营综合决策的客观结果。其次,综合考虑企业的未来发展应该是另一个关键因素。企业的固定资产(如生产线、厂房等)、现金流状况(如应收款、应付款、当前现金等)、市场份额(如总市场占有率、各个细分市场占有率)、ISO 认证、产品研发等因素均应当综合考虑。结合企业实际工作,沙盘模拟选取部分因素构建经营成果的评价框架,如图 7-2 所示。

7.4.2　权益评价因素分析

沙盘模拟中各企业的权益结构很简单,所有者权益是股东资本与利润之和。利润是利润留存(以前年度的未分配利润)与当年净利润之和。当然,利润越大,意味着企业赚钱越多。

股东资本是企业经营之初所有股东的投入资金。但在沙盘模拟课程当中,有些企业决策失误,导致"资不抵债"(权益为负)且现金流断流时,出于课程的延续性考虑,教师需要对其进行资本追加。此时,该企业资本为原始资本与追加资本之和。追加了资本后,所有者权益加大,如果还按照所有者权益去计算系统分数,则显然对未追加资本的小组而言是不公平的,因此,教师需要酌情考虑具体情况后进行最终的评价。

7.4.3　综合因素评价分析

ERP 沙盘模拟对各企业的综合因素评价,是建立在假设以后年度需要继续经营的基础之上的。如果下一年度需要继续经营,那么必然要考虑企业未来的发展潜力,需要综合评价企业已存在的各种有形资产与无形资产。具体包括以下几类:

厂房、生产线数量决定了企业的生产能力,生产线越多、越先进,企业未来的产能就越大。

市场开拓数量可以认为是一种投资回报。企业市场开拓数量越大,未来销售市场越宽广,销售订单越易于达到最大可销售数量,从而降低库存。而且,市场数量越多,销售灵活性也越强,企业可以更好地选择价格高的市场,加快资金周转,降低广告费用,增强盈利能力。

ISO 认证可以认为是一种投资回报。未来有 ISO 资格认证需求的订单一般在订单价格和账期的期限方面都比较占优势。ISO 资格认证可以降低企业广告成本,增强盈利能力。

产品研发种类可以认为是一种投资回报。企业产品研发种类越多,未来销售市场选择越宽广,销售订单越易于达到最大可销售数量,从而降低库存。而且,产品种类越多,生产及销售的灵活性也越强,企业可以更好地选择价格高、毛利高的产品,提高企业毛利率,降低广告费用的分摊比例,增强盈利能力。

ERP 沙盘模拟通过将企业的有形资产与无形资产量化为具体的企业综合发展潜力得分,从而判断各企业未来的发展潜力。

第8章 ERP沙盘模拟案例

俗话说"商场如战场",企业经营面对的是一个没有硝烟的战场,充满着竞争与挑战。在资源与规则相同的条件下,经营者运用自己的策略、方法,使企业不断地前进与发展。但是,经营者的策略与方法不妥当,也会导致企业权益下降,甚至破产。因此,经营者在经营中要小心谨慎,否则走错一步,很可能会满盘皆输。成功与失败不是永远的,只有尽可能地减少失误才能更接近成功。在决策中,经营者犯错误是在所难免的,所以要学会总结,减少失误。本章正是基于这样的目的,用以下真实的案例进行分析。

8.1 案例基本情况介绍 > >>

8.1.1 案例简介

本案例选自ERP沙盘模拟课堂训练。此次ERP沙盘模拟课堂训练一共有8个组,抽签将8个组依次分为AL1—AL8企业。

8.1.2 案例初始状态

1. 财务状态

企业初始时,股东资本1200K,其中K为资金单位。

2. 业务状态

市场上所需求的产品为P系列产品,分别为P1、P2、P3、P4和P5产品,如表8-1所示。

表8-1 产品类型

产品属性	低端	中端	高端
产品	P1、P2	P3	P4、P5

8.1.3 经营参数

本次运营的具体经营参数,如表8-2至表8-12所示。

1.融资

表 8-2　贷款规则

贷款类型	贷款时间	贷款额度	贷款最长年限/年	年利率	还款方式
长期贷款	每年年初	所有长期贷款和短期贷款之和不能超过上年末所有者权益的80%	5	8%	年末付息,到期还本付息
短期贷款	每季度初		1	5%	到期一次性还本付息

2.生产

(1)厂房

表 8-3　厂房规则

厂房类型	可建设的最大生产线容量/条	购买费用	每年租用费用	潜力值
大厂房	4	440K	44K	10
中厂房	3	300K	30K	8
小厂房	2	180K	18K	5

(2)生产线

表 8-4　生产线安装规则

生产线类型	购置费	安装周期/季	生产周期/季	转产费用	转产周期/季	维护费	潜力值
手工线	35K	0	3	0	0	5K	0
半自动线	50K	1	2	20K	1	10K	5
自动线	150K	3	1	20K	1	20K	8
柔性线	200K	4	1	0	0	20K	10

表 8-5　生产线折旧规则

生产线类型	购置费	残值	建成第一年折旧	建成第二年折旧	建成第三年折旧	建成第四年折旧	建成第五年折旧
手工线	35K	5K	0	10K	10K	10K	0
半自动线	50K	10K	0	10K	10K	10K	10K
自动线	150K	30K	0	30K	30K	30K	30K
柔性线	200K	40K	0	40K	40K	40K	40K

（3）产品研发

表 8-6　产品研发规则

产品类型	单季研发费用	研发费用总额	研发周期/季	单个加工费	单个直接成本	产品组成
P1	10K	20	2	5K	25K	R1＋R3
P2	10K	30K	3	5K	35K	R2＋R4
P3	10K	40K	4	5K	45K	R1＋R3＋R4
P4	11K	55K	5	10K	60K	P1＋R2＋R3
P5	12K	72K	6	10K	70K	P2＋R1＋R4

（4）原材料采购

表 8-7　原材料采购规则

原材料类型	单个购买价格	提前期/季
R1	5K	1
R2	10K	1
R3	15K	2
R4	20K	2

（5）生产

表 8-8　生产规则

产品组成	单个加工费	单个直接成本
P1＝R1＋R3	5K	25K
P2＝R2＋R4	5K	35K
P3＝R1＋R3＋R4	5K	45K
P4＝P1＋R2＋R3	10K	60K
P5＝P2＋R1＋R4	10K	70K

3.市场参数

（1）市场开拓

表 8-9　市场开拓规则

市场类型	每年开拓费用	开拓年限/年	开拓费用总额
本地	10K	1	10K
区域	10K	1	10K
国内	10K	2	20K
亚洲	10K	3	30K
国际	10K	4	40K

（2）ISO 资格认证

表 8-10　ISO 认证规则

认证类型	每年认证费用	认证年限/年	认证费用总额
ISO 9000	10K	2	20K
ISO 14000	10K	3	30K

表 8-11　贴现规则

类型	时间	额度	利率	贴息方式
资金贴现	任何时间	视应收款额而定	5％(1季,2季) 10％(3季,4季)	变现时贴息,可对1,2季应收款联合贴现(3,4季同理)

4.其他参数

表 8-12　重要参数信息

参数	值	参数	值
产品折价率	100％	原料折价率	80％
管理费	10K	报表填错扣分	50分
情报费	1K	所得税率	25％
原材料紧急采购倍数	2倍	产品紧急采购倍数	3倍
选单时间	50秒	首位选单补时	20秒
市场同开数量	2个	市场老大	无
竞单时间	90秒	竞单同竞数	3个
违约金比例	20％	最小得单广告额	10K

8.1.4　成绩评定标准

总分计算公式为：

$$系统分数 = 所有者权益 \times \left(1 + \frac{\sum 企业综合发展潜力}{100}\right)$$

最终所有者权益可以根据财务报表计算出来,企业综合发展潜力明细,如表 8-13 所示。

表 8-13　企业综合发展潜力明细

项目	企业综合发展潜力
单个小厂房	5
单个中厂房	8
单个大厂房	10
单条手工线	0
单条半自动线	5
单条自动线	8
单条柔性线	10
本地市场开发	5
区域市场开发	5
国内市场开发	8
亚洲市场开发	10
国际市场开发	10
P1 开发	5
P2 开发	8
P3 开发	10
P4 开发	15
P5 开发	15
ISO 9000	10
ISO 14000	15

8.1.5　市场分析

企业在制定具体的运营战略前,需要根据表 8-14、表 8-15 中的数据做进一步的市场分析,主要进行产品利润及需求的对比分析,如图 8-1、图 8-2 所示。

表 8-14　市场价格分析

序号	年份	产品	本地	区域	国内	亚洲	国际
1	第二年	P1	63.05K	62.78K	0	0	0
2	第二年	P2	86.50K	86.93K	0	0	0
3	第二年	P3	112.45K	113.44K	0	0	0
4	第二年	P4	149.80K	149.83K	0	0	0
5	第二年	P5	174.80K	175.40K	0	0	0

续表

序号	年份	产品	本地	区域	国内	亚洲	国际
6	第三年	P1	61.88K	62.09K	61.50K	0	0
7	第三年	P2	86.25K	87.11K	86.47K	0	0
8	第三年	P3	111.75K	111.72K	112.70K	0	0
9	第三年	P4	148.29K	149.43K	148.07K	0	0
10	第三年	P5	173.67K	173.38K	0	0	0
11	第四年	P1	60.86K	60.87K	60.71K	0	0
12	第四年	P2	86.47K	85.53K	87.08K	86.55K	0
13	第四年	P3	110.65K	0	111.63K	111.17K	0
14	第四年	P4	0	148.13K	147.00K	108.36K	0
15	第四年	P5	173.80K	173.92K	0	174.83K	0
16	第五年	P1	59.40K	0	58.48K	0	59.76K
17	第五年	P2	0	86.80K	86.45K	86.50K	0
18	第五年	P3	109.78K	109.50K	111.75K	110.86K	0
19	第五年	P4	0	0	147.40K	147.20K	146.84K
20	第五年	P5	0	174.50K	0	174.62K	173.10K
21	第六年	P1	61.00K	60.38K	0	59.92K	60.11K
22	第六年	P2	84.20K	0	86.18K	84.71K	0
23	第六年	P3	0	110.69K	111.95K	112.54K	112.31K
24	第六年	P4	147.00K	0	147.90K	147.33K	0
25	第六年	P5	0	136.93K	0	0	0

注:单价＝各区域总价÷各区域总需求。

表 8-15 市场需求量统计　　　　　　　　　　　　　　　　　　单位:个

序号	年份	产品	本地	区域	国内	亚洲	国际
1	第二年	P1	20	18	0	0	0
2	第二年	P2	14	15	0	0	0
3	第二年	P3	11	9	0	0	0
4	第二年	P4	5	6	0	0	0
5	第二年	P5	5	5	0	0	0
6	第三年	P1	24	11	14	0	0
7	第三年	P2	16	18	15	0	0
8	第三年	P3	12	18	15	0	0

序号	年份	产品	本地	区域	国内	亚洲	国际
9	第三年	P4	7	7	13	0	0
10	第三年	P5	12	13	0	0	0
11	第四年	P1	14	23	17	0	0
12	第四年	P2	15	15	12	20	0
13	第四年	P3	20	0	16	24	0
14	第四年	P4	0	16	13	11	0
15	第四年	P5	10	12	0	12	0
16	第五年	P1	25	0	23	0	25
17	第五年	P2	0	20	20	20	0
18	第五年	P3	9	14	20	14	0
19	第五年	P4	0	0	10	15	20
20	第五年	P5	0	8	0	13	13
21	第六年	P1	22	13	0	13	9
22	第六年	P2	15	0	14	14	0
23	第六年	P3	0	13	20	13	16
24	第六年	P4	10	0	20	9	0
25	第六年	P5	0	14	0	0	0

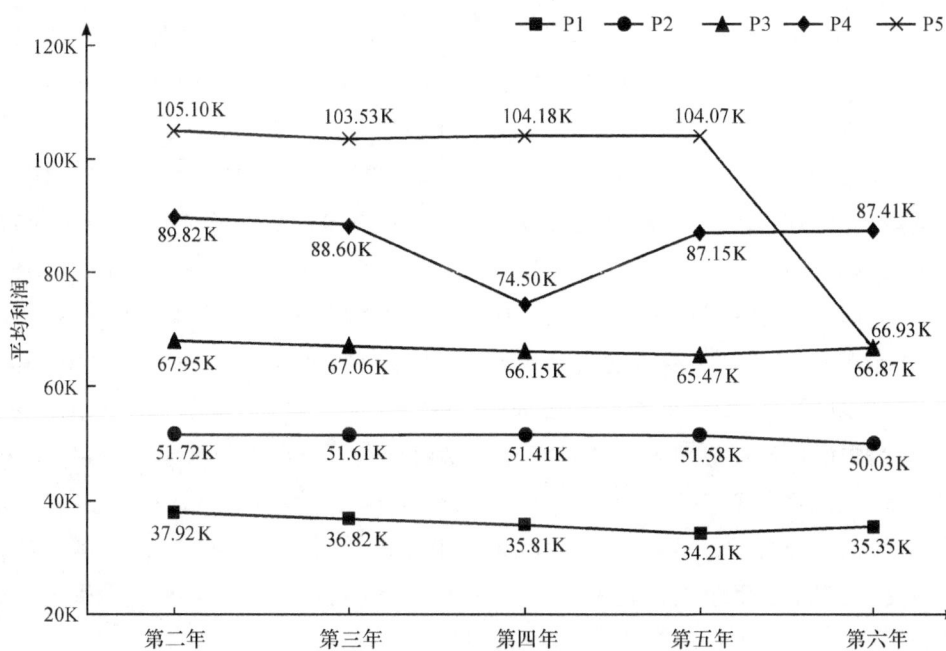

图 8-1　产品平均利润

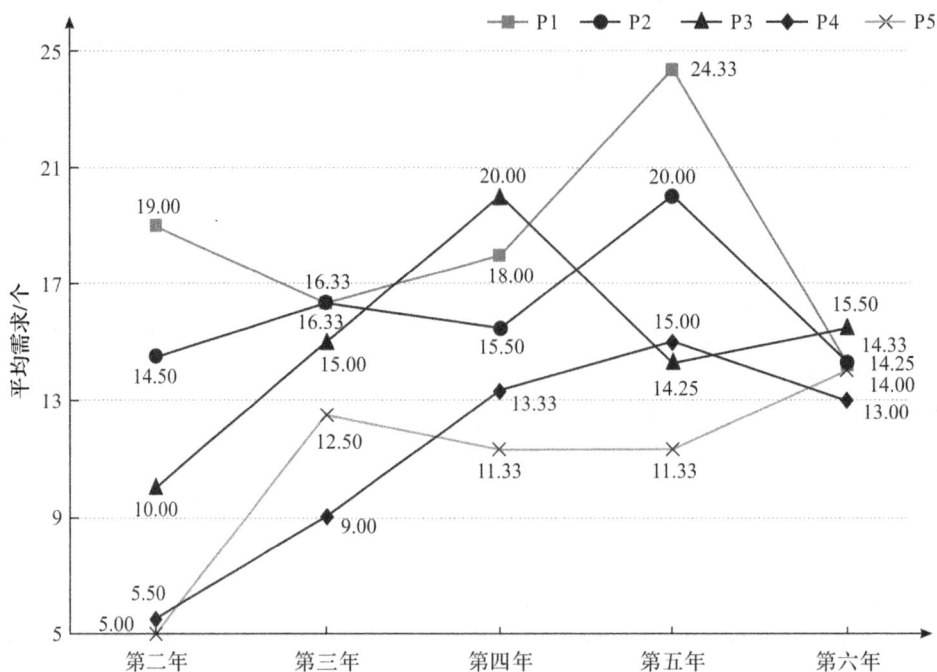

图 8-2 产品平均需求

从图 8-1 的产品平均利润中可以看出,产品的利润和产品的等级相关,产品等级越高,产品的利润越高。但是,第六年 P5 的利润遭遇滑铁卢,大幅下滑,同时,P4 在第四年的利润有明显下降,值得注意的是 P4、P5 皆为复合型产品,包含了 P1、P2 利润在其中,总体而言,P3 利润最高,5 个系列的产品利润都比较稳定,基本不受年限及需求的影响。再看图 8-2 产品平均需求,可以明显地发现,整个市场对 5 个系列的产品前五年的需求大体呈上升的趋势,在第五年基本达到了顶峰,在第六年的时候总体需求出现下降,整个市场需求随着产品等级升高而降低,市场对 P4、P5 的需求则明显少于其他产品的需求。

如图 8-3 所示,P1 的需求带有较浓的地域色彩,需求主要集中在本地市场,且本地市场 6 年的需求量都比较大,区域和国内市场次之,而亚洲和国际市场对 P1 的需求非常少;从整个市场单价来看,P1 单价基本在 60 K 上下浮动,利润较为稳定,所以 P1 不管是市场需求,还是利润方面都相对稳定,运营风险和投入成本都比较小;整个市场对 P2 的需求在 1—4 年逐年增加,在第五年需求达到高峰后,第六年需求有所回落,值得注意的是,在 6 年的运营当中,国际市场对 P2 都没有需求;P3 除第一年外,其他运营年的市场需求都比较大,在利润方面也比其他四个产品要好,产品利润可观,前期投入成本不高,风险中等;P4 的市场需求逐年递增,在第五和第六年达到较大的需求,而 P5 在第三年就达到了较大的需求,后期保持较为平稳,P4 和 P5 的利润总体较高,但是作为复合型产品其前期投入成本也很高,对现金的需求也比较大,因此具有较高的运营风险,很容易引发资金链断裂而造成破产。

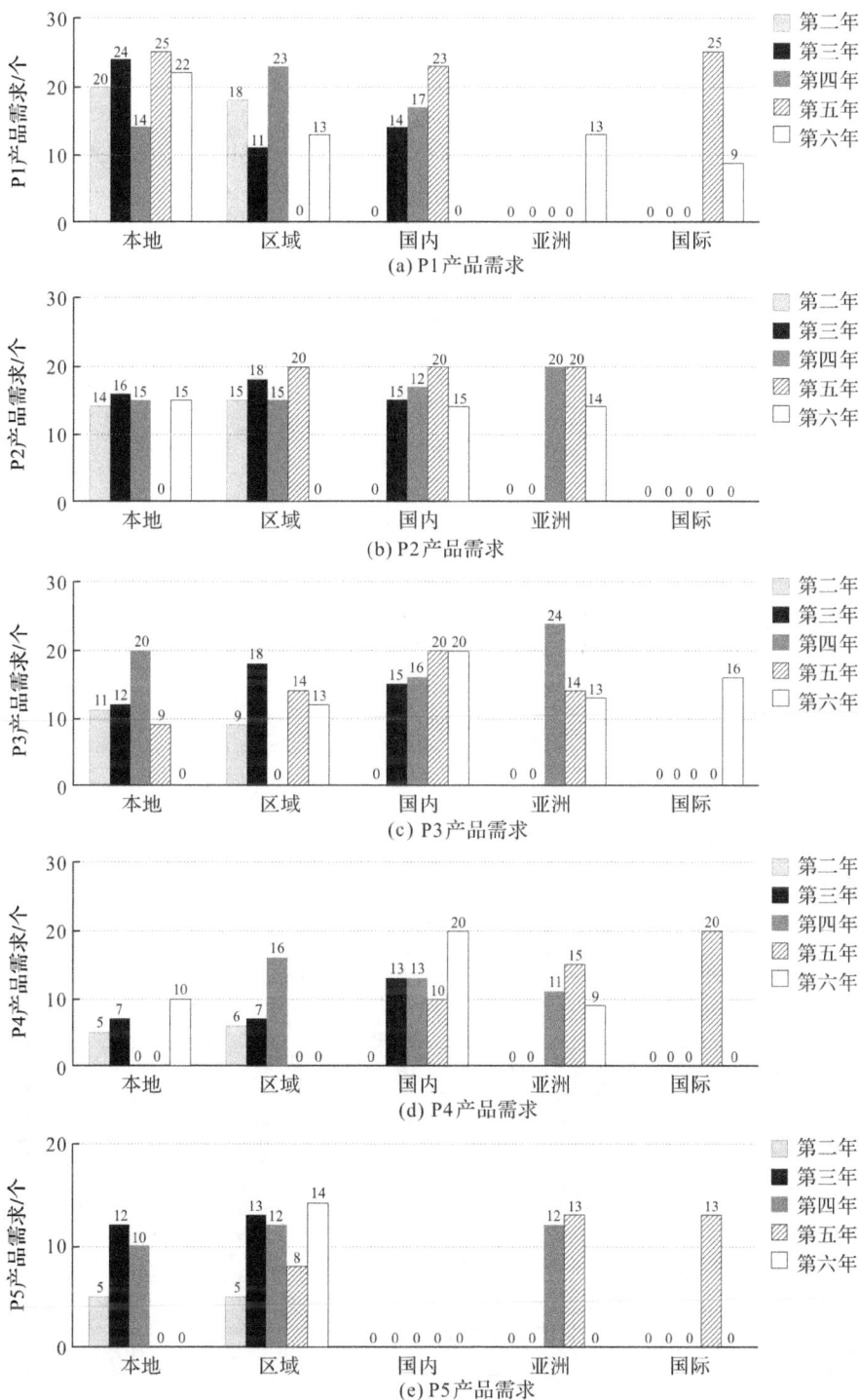

(a) P1 产品需求

(b) P2 产品需求

(c) P3 产品需求

(d) P4 产品需求

(e) P5 产品需求

图 8-3　各产品市场需求分布

通过市场分析可以大致明确市场的情况,但需要注意的是,这里并未考虑企业之间的竞争情况,如 P3 整体利润可观且需求较大,若所有企业皆采用 P3 作为主生产产品,则市场竞争程度会大幅提升,每个企业所能获得的收益将非常有限,反之亦然,这需要企业之间相互博弈,最终根据市场预期、竞争预期、风险预期等情况制定自身的策略。

8.1.6 各企业运营情况对比

第一年财务报表(如表 8-16 至表 8-18 所示)。

表 8-16 第一年综合费用表

企业名称	AL1	AL2	AL3	AL4	AL5	AL6	AL7	AL8
管理费	40K	40K	40K	40K	40K	40K	40K	40K
广告费	0	0	0	0	0	0	0	0
设备维护费	0	0	0	80K	0	60K	0	0
损失	0	0	0	0	0	0	0	0
转产费	0	0	0	0	0	0	0	0
厂房租金	44K	44K	0	88K	0	0	30K	0
新市场开拓	50K	50K	50K	50K	50K	50K	50K	50K
ISO 资格认证	20K	20K	20K	20K	20K	20K	20K	20K
产品研发	104K	78K	40K	30K	78K	64K	64K	40K
情报费	0	0	0	0	0	0	0	0
合计	258K	232K	150K	308K	188K	234K	204K	150K

表 8-17 第一年利润表

企业名称	AL1	AL2	AL3	AL4	AL5	AL6	AL7	AL8
销售收入	0	0	0	0	0	0	0	0
直接成本	0	0	0	0	0	0	0	0
毛利	0	0	0	0	0	0	0	0
综合费用	258K	232K	150K	308K	188K	234K	204K	150K
折旧前利润	−258K	−232K	−150K	−308K	−188K	−234K	−204K	−150K
折旧	0	0	0	0	0	0	0	0
支付利息前利润	−258K	−232K	−150K	−308K	−188K	−234K	−204K	−150K
财务费用	0	0	0	64K	32K	0	0	0
税前利润	−258K	−232K	−150K	−372K	−220K	−234K	−204K	−150K
所得税	0	0	0	0	0	0	0	0
年度净利润	−258K	−232K	−150K	−372K	−220K	−234K	−204K	−150K

表 8-18 第一年资产负债表

企业名称	AL1	AL2	AL3	AL4	AL5	AL6	AL7	AL8
现金	242K	228K	370K	134K	240K	174K	496K	390K
应收款	0	0	0	0	0	0	0	0
在制品	0	0	0	140K	0	100K	0	0
产成品	0	0	0	0	0	0	0	0
原材料	0	0	0	0	0	0	0	20K
流动资产合计	242K	228K	370K	274K	240K	274K	496K	410K
厂房	0	440K	440K	0	440K	440K	0	440K
生产线	0	0	0	600K	0	400K	0	0
在建工程	700K	300K	400K	200K	700K	0	500K	200K
固定资产合计	700K	740K	840K	800K	1140K	840K	500K	640K
资产总计	942K	968K	1210K	1074K	1380K	1114K	996K	1050K
长期负债	0	0	0	246K	400K	0	0	0
短期负债	0	0	160K	0	0	148K	0	0
负债合计	0	0	160K	246K	400K	148K	0	0
股东资本	1200K	1200K	1200K	1200K	1200K	1200K	1200K	1200K
利润留存	0	0	0	0	0	0	0	0
年度净利	−258K	−232K	−150K	−372K	−220K	−234K	−204K	−150K
所有者权益合计	942K	968K	1050K	828K	980K	966K	996K	1050K
负债和所有者权益总计	942K	968K	1210K	1074K	1380K	1114K	996K	1050K

第二年广告投放情况及财务报表（如表 8-19 至表 8-22 所示）。

表 8-19 第二年广告投放情况

企业名称	AL1	AL2	AL3	AL4	AL5	AL6	AL7	AL8
广告费	30K	33K	90K	110K	80K	62K	80K	70K

表 8-20 第二年综合费用表

企业名称	AL1	AL2	AL3	AL4	AL5	AL6	AL7	AL8
管理费	40K	40K	40K	40K	40K	40K	40K	40K
广告费	30K	33K	90K	110K	80K	62K	80K	70K
设备维护费	80K	80K	100K	120K	80K	100K	60K	80K

续表

企业名称	AL1	AL2	AL3	AL4	AL5	AL6	AL7	AL8
损失	0	0	0	0	0	0	90K	20K
转产费	0	0	0	0	0	0	0	0
厂房租金	44K	44K	44K	88K	0	44K	30K	44K
新市场开拓	30K	30K	30K	30K	30K	30K	30K	30K
ISO 资格认证	20K	20K	20K	20K	20K	20K	20K	20K
产品研发	11K	24K	24K	0	24K	11K	0	30K
情报费	0	0	0	0	0	0	0	0
合计	255K	271K	324K	408K	274K	307K	350K	334K

表 8-21　第二年利润表

企业名称	AL1	AL2	AL3	AL4	AL5	AL6	AL7	AL8
销售收入	828K	348K	786K	1385K	872K	633K	798K	448K
直接成本	330K	140K	315K	560K	350K	250K	315K	180K
毛利	498K	208K	471K	825K	522K	383K	483K	268K
综合费用	255K	271K	324K	408K	274K	307K	350K	334K
折旧前利润	243K	−63K	147K	417K	248K	76K	133K	−66K
折旧	0	0	0	120K	0	80K	0	0
支付利息前利润	243K	−63K	147K	297K	248K	−4K	133K	−66K
财务费用	0	37K	52K	60K	73K	19K	0	2K
税前利润	243K	−100K	95K	237K	175K	−23K	133K	−68K
所得税	0	0	0	0	0	0	0	0
年度净利润	243K	−100K	95K	237K	175K	−23K	133K	−68K

表 8-22　第二年资产负债表

企业名称	AL1	AL2	AL3	AL4	AL5	AL6	AL7	AL8
现金	103K	74K	184K	145K	175K	64K	108K	529K
应收款	828K	348K	221K	315K	434K	130K	798K	0
在制品	170K	280K	360K	280K	70K	220K	135K	180K
产成品	0	0	180K	140K	70K	0	135K	0
原材料	0	0	0	0	50K	0	0	80K
流动资产合计	1101K	702K	945K	880K	799K	414K	1176K	789K

续表

企业名称	AL1	AL2	AL3	AL4	AL5	AL6	AL7	AL8
厂房	0	440K	440K	0	440K	440K	0	440K
生产线	700K	500K	600K	680K	700K	620K	500K	400K
在建工程	0	0	0	0	0	100K	0	0
固定资产合计	700K	940K	1040K	680K	1140K	1160K	500K	840K
资产总计	1801K	1642K	1985K	1560K	1939K	1574K	1676K	1629K
长期负债	0	465K	420K	246K	784K	155K	0	0
短期负债	616K	309K	420K	249K	0	476K	547K	647K
负债合计	616K	774K	840K	495K	784K	631K	547K	647K
股东资本	1200K	1200K	1200K	1200K	1200K	1200K	1200K	1200K
利润留存	−258K	−232K	−150K	−372K	−220K	−234K	−204K	−150K
年度净利	243K	−100K	95K	237K	175K	−23K	133K	−68K
所有者权益合计	1185K	868K	1145K	1065K	1155K	943K	1129K	982K
负债和所有者权益总计	1801K	1642K	1985K	1560K	1939K	1574K	1676K	1629K

第三年广告投放情况及财务报表（如表 8-23 至表 8-26 所示）。

表 8-23　第三年广告投放情况

企业名称	AL1	AL2	AL3	AL4	AL5	AL6	AL7	AL8
广告费	52K	74K	152K	109K	40K	61K	108K	127K

表 8-24　第三年综合费用表

企业名称	AL1	AL2	AL3	AL4	AL5	AL6	AL7	AL8
管理费	40K	40K	40K	40K	40K	40K	40K	40K
广告费	52K	74K	152K	109K	40K	61K	108K	127K
设备维护费	120K	80K	100K	120K	80K	120K	60K	80K
损失	0	0	0	315K	0	0	89K	0
转产费	0	0	0	0	0	0	0	0
厂房租金	88K	44K	88K	88K	0	88K	74K	44K

续表

企业名称	AL1	AL2	AL3	AL4	AL5	AL6	AL7	AL8
新市场开拓	20K	20K	20K	20K	20K	20K	20K	20K
ISO 资格认证	10K	10K	10K	10K	10K	10K	10K	10K
产品研发	0	0	30K	48K	0	10K	54K	24K
情报费	0	0	0	0	0	0	0	0
合计	330K	268K	440K	750K	190K	349K	455K	345K

表 8-25　第三年利润表

企业名称	AL1	AL2	AL3	AL4	AL5	AL6	AL7	AL8
销售收入	1198K	1456K	2734K	2277K	1208K	1540K	1221K	812K
直接成本	480K	560K	1080K	910K	490K	600K	495K	320K
毛利	718K	896K	1654K	1367K	718K	940K	726K	492K
综合费用	330K	268K	440K	750K	190K	349K	455K	345K
折旧前利润	388K	628K	1214K	617K	528K	591K	271K	147K
折旧	140K	100K	120K	160K	140K	140K	100K	80K
支付利息前利润	248K	528K	1094K	457K	388K	451K	171K	67K
财务费用	36K	68K	80K	51K	91K	124K	28K	34K
税前利润	212K	460K	1014K	406K	297K	327K	143K	33K
所得税	49K	32K	240K	68K	63K	18K	18K	0
年度净利润	163K	428K	774K	338K	234K	309K	125K	33K

表 8-26　第三年资产负债表

企业名称	AL1	AL2	AL3	AL4	AL5	AL6	AL7	AL8
现金	239K	113K	226K	12K	84K	83K	358K	233K
应收款	898K	528K	1129K	1115K	1008K	592K	448K	0
在制品	340K	280K	360K	280K	210K	340K	135K	320K
产成品	0	0	0	0	0	0	180K	180K
原材料	0	0	0	120K	0	0	0	40K

企业名称	AL1	AL2	AL3	AL4	AL5	AL6	AL7	AL8
流动资产合计	1477K	921K	1715K	1527K	1302K	1015K	1121K	773K
厂房	0	440K	440K	0	440K	0	0	440K
生产线	760K	400K	480K	520K	560K	580K	400K	320K
在建工程	0	0	200K	0	0	0	300K	0
固定资产合计	760K	840K	1120K	520K	1000K	580K	700K	760K
资产总计	2237K	1761K	2835K	2047K	2302K	1595K	1821K	1533K
长期负债	93K	465K	420K	246K	784K	255K	0	0
短期负债	796K	0	496K	398K	129K	88K	567K	518K
负债合计	889K	465K	916K	644K	913K	343K	567K	518K
股东资本	1200K	1200K	1200K	1200K	1200K	1200K	1200K	1200K
利润留存	−15K	−332K	−55K	−135K	−45K	−257K	−71K	−218K
年度净利	163K	428K	774K	338K	234K	309K	125K	33K
所有者权益合计	1348K	1296K	1919K	1403K	1389K	1252K	1254K	1015K
负债和所有者权益总计	2237K	1761K	2835K	2047K	2302K	1595K	1821K	1533K

第四年广告投放情况及财务报表(如表 8-27 至表 8-30 所示)。

表 8-27　第四年广告投放情况

企业名称	AL1	AL2	AL3	AL4	AL5	AL6	AL7	AL8
广告费	72K	72K	168K	112K	54K	51K	108K	141K

表 8-28　第四年综合费用表

企业名称	AL1	AL2	AL3	AL4	AL5	AL6	AL7	AL8
管理费	40K	40K	40K	40K	40K	40K	40K	40K
广告费	72K	72K	168K	112K	54K	51K	108K	141K
设备维护费	160K	80K	140K	120K	80K	160K	140K	80K
损失	0	0	0	0	140K	0	0	0
转产费	0	0	0	0	0	0	0	0

续表

企业名称	AL1	AL2	AL3	AL4	AL5	AL6	AL7	AL8
厂房租金	176K	0	88K	132K	44K	132K	74K	44K
新市场开拓	10K	10K	10K	10K	10K	10K	10K	10K
ISO 资格认证	0	0	0	0	0	0	0	0
产品研发	0	0	22K	24K	0	20K	24K	48K
情报费	0	0	0	0	0	0	0	0
合计	458K	202K	468K	438K	368K	413K	396K	363K

表 8-29　第四年利润表

企业名称	AL1	AL2	AL3	AL4	AL5	AL6	AL7	AL8
销售收入	1764K	1384K	2662K	2066K	702K	1485K	1798K	1571K
直接成本	720K	560K	1080K	840K	280K	600K	720K	640K
毛利	1044K	824K	1582K	1226K	422K	885K	1078K	931K
综合费用	458K	202K	468K	438K	368K	413K	396K	363K
折旧前利润	586K	622K	1114K	788K	54K	472K	682K	568K
折旧	180K	100K	120K	160K	140K	160K	100K	80K
支付利息前利润	406K	522K	994K	628K	−86K	312K	582K	488K
财务费用	47K	53K	86K	77K	69K	42K	34K	36K
税前利润	359K	469K	908K	551K	−155K	270K	548K	452K
所得税	90K	117K	227K	138K	0	68K	137K	67K
年度净利润	269K	352K	681K	413K	−155K	202K	411K	385K

表 8-30　第四年资产负债表

企业名称	AL1	AL2	AL3	AL4	AL5	AL6	AL7	AL8
现金	306K	126K	77K	1165K	364K	396K	316K	389K
应收款	888K	688K	1778K	604K	352K	597K	900K	598K
在制品	510K	280K	540K	280K	210K	440K	345K	320K
产成品	0	0	0	0	140K	120K	140K	180K
原材料	0	0	0	0	110K	0	0	40K

企业名称	AL1	AL2	AL3	AL4	AL5	AL6	AL7	AL8
流动资产合计	1704K	1094K	2395K	2049K	1176K	1553K	1701K	1527K
厂房	0	880K	880K	0	440K	0	0	440K
生产线	780K	300K	560K	360K	420K	620K	900K	240K
在建工程	100K	400K	300K	200K	300K	0	0	0
固定资产合计	880K	1580K	1740K	560K	1160K	620K	900K	680K
资产总计	2584K	2674K	4135K	2609K	2336K	2173K	2601K	2207K
长期负债	111K	668K	420K	246K	784K	255K	0	0
短期负债	856K	358K	1115K	547K	318K	464K	936K	807K
负债合计	967K	1026K	1535K	793K	1102K	719K	936K	807K
股东资本	1200K	1200K	1200K	1200K	1200K	1200K	1200K	1200K
利润留存	148K	96K	719K	203K	189K	52K	54K	−185K
年度净利	269K	352K	681K	413K	−155K	202K	411K	385K
所有者权益合计	1617K	1648K	2600K	1816K	1234K	1454K	1665K	1400K
负债和所有者权益总计	2584K	2674K	4135K	2609K	2336K	2173K	2601K	2207K

第五年广告投放情况及财务报表(如表 8-31 至表 8-34 所示)。

表 8-31　第五年广告投放情况

企业名称	AL1	AL2	AL3	AL4	AL5	AL6	AL7	AL8
广告费	135K	80K	217K	154K	80K	97K	240K	158K

表 8-32　第五年综合费用表

企业名称	AL1	AL2	AL3	AL4	AL5	AL6	AL7	AL8
管理费	40K	40K	40K	40K	40K	40K	40K	40K
广告费	135K	80K	217K	154K	80K	97K	240K	158K
设备维护费	200K	120K	180K	200K	120K	200K	140K	80K
损失	0	0	0	40K	0	0	0	0
转产费	0	0	0	0	0	0	0	0
厂房租金	176K	44K	44K	88K	44K	176K	74K	0

续表

企业名称	AL1	AL2	AL3	AL4	AL5	AL6	AL7	AL8
新市场开拓	0	0	0	0	0	0	0	0
ISO 资格认证	0	0	0	0	0	0	0	0
产品研发	24K	0	69K	104K	0	0	21K	64K
情报费	0	0	0	0	0	0	0	0
合计	575K	284K	550K	626K	284K	513K	515K	342K

表 8-33　第五年利润表

企业名称	AL1	AL2	AL3	AL4	AL5	AL6	AL7	AL8
销售收入	2360K	1738K	3259K	2338K	1734K	2301K	2450K	1864K
直接成本	960K	700K	1330K	945K	700K	940K	985K	750K
毛利	1400K	1038K	1929K	1393K	1034K	1361K	1465K	1114K
综合费用	575K	284K	550K	626K	284K	513K	515K	342K
折旧前利润	825K	754K	1379K	767K	750K	848K	950K	772K
折旧	220K	100K	160K	160K	140K	200K	220K	80K
支付利息前利润	605K	654K	1219K	607K	610K	648K	730K	692K
财务费用	87K	99K	122K	46K	142K	77K	58K	43K
税前利润	518K	555K	1097K	561K	468K	571K	672K	649K
所得税	130K	139K	274K	140K	117K	143K	168K	162K
年度净利润	388K	416K	823K	421K	351K	428K	504K	487K

表 8-34　第五年资产负债表

企业名称	AL1	AL2	AL3	AL4	AL5	AL6	AL7	AL8
现金	10	326K	421K	96K	4K	676K	551K	238K
应收款	1762K	1044K	1491K	1293K	693K	885K	674K	1175K
在制品	560K	420K	610K	420K	315K	680K	345K	320K
产成品	0	0	70K	35K	140K	0	255K	70K
原材料	0	0	0	0	0	0	0	40K

企业名称	AL1	AL2	AL3	AL4	AL5	AL6	AL7	AL8
流动资产合计	2332K	1790K	2592K	1844K	1152K	2241K	1825K	1843K
厂房	0	880K	1760K	440K	440K	0	440K	880K
生产线	960K	600K	700K	800K	580K	620K	680K	160K
在建工程	0	100K	400K	0	0	0	0	0
固定资产合计	960K	1580K	2860K	1240K	1020K	620K	1120K	1040K
资产总计	3292K	3370K	5452K	3084K	2172K	2861K	2945K	2883K
长期负债	431K	768K	420K	0	384K	355K	0	0
短期负债	856K	538K	1609K	847K	203K	624K	776K	996K
负债合计	1287K	1306K	2029K	847K	587K	979K	776K	996K
股东资本	1200K	1200K	1200K	1200K	1200K	1200K	1200K	1200K
利润留存	417K	448K	1400K	616K	34K	254K	465K	200K
年度净利	388K	416K	823K	421K	351K	428K	504K	487K
所有者权益合计	2005K	2064K	3423K	2237K	1585K	1882K	2169K	1887K
负债和所有者权益总计	3292K	3370K	5452K	3084K	2172K	2861K	2945K	2883K

第六年广告投放情况及财务报表（如表 8-35 至表 8-38 所示）。

表 8-35　第六年广告投放情况

企业名称	AL1	AL2	AL3	AL4	AL5	AL6	AL7	AL8
广告费	123K	108K	305K	188K	98K	110K	295K	194K

表 8-36　第六年综合费用表

企业名称	AL1	AL2	AL3	AL4	AL5	AL6	AL7	AL8
管理费	40K	40K	40K	40K	40K	40K	40K	40K
广告费	123K	108K	305K	188K	98K	110K	295K	194K
设备维护费	220K	200K	220K	240K	120K	200K	140K	120K
损失	58K	280K	0	9	0	0	140K	0
转产费	0	0	0	0	0	0	0	0

续表

企业名称	AL1	AL2	AL3	AL4	AL5	AL6	AL7	AL8
厂房租金	44K	0	0	0	44K	0	0	0
新市场开拓	0	0	0	0	0	0	0	0
ISO 资格认证	0	0	0	0	0	0	0	0
产品研发	78K	60K	56K	11K	0	0	54K	11K
情报费	0	0	0	0	0	0	0	0
合计	563K	688K	621K	488K	302K	350K	669K	365K

表 8-37　第六年利润表

企业名称	AL1	AL2	AL3	AL4	AL5	AL6	AL7	AL8
销售收入	2770K	2103K	4146K	2497K	2526K	3112K	3071K	1432K
直接成本	1080K	840K	1675K	1015K	980K	1200K	1270K	585K
毛利	1690K	1263K	2471K	1482K	1546K	1912K	1801K	847K
综合费用	563K	688K	621K	488K	302K	350K	669K	365K
折旧前利润	1127K	575K	1850K	994K	1244K	1562K	1132K	482K
折旧	300K	180K	220K	160K	200K	160K	220K	80K
支付利息前利润	827K	395K	1630K	834K	1044K	1402K	912K	402K
财务费用	181K	189K	144K	86K	53K	58K	44K	62K
税前利润	646K	206K	1486K	748K	991K	1344K	868K	340K
所得税	162K	52K	372K	187K	248K	336K	217K	85K
年度净利润	484K	154K	1114K	561K	743K	1008K	651K	255K

表 8-38　第六年资产负债表

企业名称	AL1	AL2	AL3	AL4	AL5	AL6	AL7	AL8
现金	335K	64K	491K	474K	1125K	395K	1253K	469K
应收款	1028K	200K	2835K	693K	512K	1475K	997K	457K
在制品	0	0	315K	280K	315K	0	0	320K
产成品	210K	140K	205K	420K	0	150K	225K	125K
原材料	0	120K	0	120K	0	0	0	40K
流动资产合计	1573K	524K	3846K	1987K	1952K	2020K	2475K	1411K
厂房	1760K	1760K	1760K	1760K	880K	1760K	1620K	1760K

续表

企业名称	AL1	AL2	AL3	AL4	AL5	AL6	AL7	AL8
生产线	760K	1120K	880K	840K	380K	460K	460K	280K
在建工程	0	0	0	0	0	0	0	200K
固定资产合计	2520K	2880K	2640K	2600K	1260K	2220K	2080K	2240K
资产总计	4093K	3404K	6486K	4587K	3212K	4240K	4555K	3651K
长期负债	431K	303K	0	0	0	200K	0	0
短期负债	1173K	883K	1949K	1789K	884K	1150K	1735K	1509K
负债合计	1604K	1186K	1949K	1789K	884K	1350K	1735K	1509K
股东资本	1200K	1200K	1200K	1200K	1200K	1200K	1200K	1200K
利润留存	805K	864K	2223K	1037K	385K	682K	969K	687K
年度净利	484K	154K	1114K	561K	743K	1008K	651K	255K
所有者权益合计	2489K	2218K	4537K	2798K	2328K	2890K	2820K	2142K
负债和所有者权益总计	4093K	3404KK	6486K	4587K	3212K	4240K	4555K	3651K

8.2　典型企业运营策略分析 > > >

下面选择 3 个典型企业进行经营策略分析。

8.2.1　AL3 企业

1. 整体分析

AL3 企业整体发挥良好,采取低投入、中风险、高利润的 P3 产品策略,通过稳健的运营方案,最终在所有企业中脱颖而出,拔得头筹。该企业在一开始抢单的第二年便拿到了大量的订单,通过大量订单获得的高额利润加上银行贷款的合理使用,直接奠定了企业后几年的高速发展和在比赛中脱颖而出的基础。纵观参赛的所有企业,AL3 企业的资金最为充裕,发展也是最好的,可见充裕的资金是企业取得高速发展的有力保障。

2. 利润分析

从表 8-39 AL3 企业各年利润表中可以看出,除了第一年年度净利润为负之外,从第二年开始便实现了盈利,特别是从第三年开始,年度净利润便一直维持在 600K 以上,虽然第四年的年度净利润较第三年有所回落,但是第五年便扭转局面,第六年盈利能力达到 6 年之最,年度净利润突破 1000K 大关,实现年度净利润 1114K。AL3 企业的盈利能力,为企业的发展提供了可观的现金流,有效地保障了企业的健康发展。

表 8-39　AL3 企业各年利润表

年度	第一年	第二年	第三年	第四年	第五年	第六年
销售收入	0	786K	2734K	2662K	3259K	4146K
直接成本	0	315K	1080K	1080K	1330K	1675K
毛利	0	471K	1654K	1582K	1929K	2471K
综合费用	150K	324K	440K	468K	550K	621K
折旧前利润	−150K	147K	1214K	1114K	1379K	1850K
折旧	0	0	120K	120K	160K	220K
支付利息前利润	−150K	147K	1094K	994K	1219K	1630K
财务费用	0	52K	80K	86K	122K	144K
税前利润	−150K	95K	1014K	908K	1097K	1486K
所得税	0	0	240K	227K	274K	372K
年度净利润	−150K	95K	774K	681K	823K	1114K

3. 资产负债分析

如表 8-40 所示，AL3 企业的所有者权益从第一年开始便逐年增加，所有者权益的上升，使得企业获得了较高的贷款额度，再加之较为充沛的现金流，很好地解决了大部分企业因资金不足而难以发展的大难题。AL3 企业的管理者也充分利用了企业高额度的银行贷款，以短期贷款为主，长期贷款为辅的方式，灵活运用贷款，使得企业的发展如虎添翼。同时，也正因为资金的充沛，AL3 企业购置和建设了大量的固定资产，提高了产品的产量，充分保障了企业的交单能力，企业的市场竞争力也随之提升，从而能够在市场上获取更多的订单，也直接地保障了企业的收入，使得整个企业在现金流、产品生产能力、订单获取能力等各方面形成了一个良性循环，为企业拔得头筹奠定了坚实的基础。

表 8-40　AL3 企业各年资产负债表

年度	第一年	第二年	第三年	第四年	第五年	第六年
现金	370K	184K	226K	77K	421K	491K
应收款	0	221K	1129K	1778K	1491K	2835K
在制品	0	360K	360K	540K	610K	315K
产成品	0	180K	0	0	70K	205K
原材料	0	0	0	0	0	0
流动资产合计	370K	945K	1715K	2395K	2592K	3846K
厂房	440K	440K	440K	880K	1760K	1760K
机器设备	0	600K	480K	560K	700K	880K

续表

年度	第一年	第二年	第三年	第四年	第五年	第六年
在建工程	400K	0	200K	300K	400K	0
固定资产合计	840K	1040K	1120K	1740K	2860K	2640K
资产总计	1210K	1985K	2835K	4135K	5452K	6486K
长期贷款	0	420K	420K	420K	420K	0
短期贷款	160K	420K	496K	1115K	1609K	1949K
负债合计	160K	840K	916K	1535K	2029K	1949K
股东资本	1200K	1200K	1200K	1200K	1200K	1200K
利润留存	0	−150K	−55K	719K	1400K	2223K
年度净利	−150K	95K	774K	681K	823K	1114K
所有者权益合计	1050K	1145K	1919K	2600K	3423K	4537K
负债和所有者权益总计	1210K	1985K	2835K	4135K	5452K	6486K

4. 生产线、产品及订单分析

AL3 企业各年生产线、订单及产品研发情况，如表 8-41 至表 8-45 所示。

表 8-41 AL3 企业各年生产线数量统计 单位：条

生产线类型	年份																					
	第一年		第二年				第三年				第四年				第五年				第六年			
	3季度	4季度	1季度	2季度	3季度	4季度	1季度	2季度	3季度	4季度	1季度	2季度	3季度	4季度	1季度	2季度	3季度	4季度	1季度	2季度	3季度	4季度
半自动线			2	2	2	2	2	6	6	6	10	10	10	10	10	10	10	10	10	10	10	10
自动线			2	2	2	2	2	2	2	2	2	2	2	2	2	4	4	4	4	4	4	4
柔性线																			2	2	2	2
合计			4	4	4	4	4	8	8	8	12	12	12	12	12	14	14	14	16	16	16	16

表 8-42 AL3 企业第二、第三年订单情况

订单编号	市场	产品	数量/个	总价	状态	得单年份	ISO要求	交货期/季	账期/季	交货时间
D2029	本地	P3	2	221K	已交单	第二年	—	4	2	第二年第四季
D2031	区域	P3	2	228K	已交单	第二年	—	4	1	第二年第三季
D2032	区域	P3	2	222K	已交单	第二年	—	2	2	第二年第二季
D2030	本地	P3	1	115K	已交单	第二年	—	3	2	第二年第三季

续表

订单编号	市场	产品	数量/个	总价	状态	得单年份	ISO要求	交货期/季	账期/季	交货时间
D3079	本地	P3	3	336K	已交单	第三年	—	4	2	第三年第四季
D3078	本地	P3	2	220K	已交单	第三年	ISO 9000	1	3	第三年第一季
D3085	区域	P3	5	554K	已交单	第三年	ISO 9000	3	2	第三年第二季
D3081	区域	P3	2	222K	已交单	第三年	—	4	4	第三年第一季
D3086	国内	P3	4	440K	已交单	第三年	—	4	2	第三年第四季
D3087	国内	P3	3	331K	已交单	第三年	ISO 9000	3	3	第三年第三季
D3089	国内	P3	2	226K	已交单	第三年	ISO 9000	1	2	第三年第一季
J3006	本地	P3	1	45K	已交单	第三年	—	1	0	第三年第一季
J3009	国内	P3	2	90K	已交单	第三年	ISO 9000	1	0	第三年第一季

表 8-43　AL3 企业第四、五年订单情况

订单编号	市场	产品	数量/个	总价	状态	得单年份	ISO要求	交货期/季	账期/季	交货时间
D4148	本地	P3	4	448K	已交单	第四年	ISO 9000	4	2	第四年第三季
D4149	本地	P3	2	226K	已交单	第四年	ISO 14000	4	2	第四年第三季
D4156	国内	P3	4	436K	已交单	第四年	—	4	3	第四年第四季
D4154	国内	P3	2	226K	已交单	第四年	ISO 9000, ISO 14000	4	4	第四年第四季
D4147	本地	P3	4	440K	已交单	第四年	—	2	4	第四年第二季
D4163	亚洲	P3	4	444K	已交单	第四年	ISO 9000	4	1	第四年第一季
D4158	亚洲	P3	3	333K	已交单	第四年	ISO 9000	3	3	第四年第三季
D4157	亚洲	P3	1	109K	已交单	第四年	ISO 9000	1	4	第四年第一季
D5235	本地	P3	3	330K	已交单	第五年	ISO 9000	4	4	第五年第四季
D5233	本地	P3	2	218K	已交单	第五年	—	3	1	第五年第一季

续表

订单编号	市场	产品	数量/个	总价	状态	得单年份	ISO 要求	交货期/季	账期/季	交货时间
D5217	区域	P2	2	174K	已交单	第五年	ISO 9000	4	2	第五年第三季
D5240	区域	P3	5	540K	已交单	第五年	ISO 9000	4	3	第五年第三季
D5238	区域	P3	3	330K	已交单	第五年	—	3	2	第五年第一季
D5246	国内	P3	3	335K	已交单	第五年	ISO 9000	4	2	第五年第四季
D5243	国内	P3	2	226K	已交单	第五年	—	1	1	第五年第一季
D5247	国内	P3	1	112K	已交单	第五年	ISO 9000	1	4	第五年第一季
D5248	亚洲	P3	4	444K	已交单	第五年	—	4	1	第五年第三季
D5251	亚洲	P3	5	550K	已交单	第五年	ISO 9000	2	2	第五年第二季

表 8-44　AL3 企业第六年订单情况

订单编号	市场	产品	数量/个	总价	状态	得单年份	ISO 要求	交货期/季	账期/季	交货时间
D6322	区域	P3	2	224K	已交单	第六年	ISO 14000	3	4	第六年第三季
D6306	本地	P2	3	261K	已交单	第六年	ISO 14000	3	4	第六年第三季
D6323	区域	P3	3	327K	已交单	第六年	ISO 9000, ISO 14000	3	3	第六年第二季
D6321	区域	P3	5	555K	已交单	第六年	ISO 9000	1	1	第六年第一季
D6307	本地	P2	1	84K	已交单	第六年	—	2	2	第六年第二季
D6326	国内	P3	5	560K	已交单	第六年	ISO 9000, ISO 14000	3	2	第六年第三季
D6327	国内	P3	3	336K	已交单	第六年	ISO 9000	3	1	第六年第一季
D6328	国内	P3	1	111K	已交单	第六年	ISO 9000	4	2	第六年第四季
D6316	亚洲	P2	4	336K	已交单	第六年	ISO 9000	1	1	第六年第一季
D6332	亚洲	P3	4	452K	已交单	第六年	ISO 14000	4	4	第六年第三季

续表

订单编号	市场	产品	数量/个	总价	状态	得单年份	ISO要求	交货期/季	账期/季	交货时间
D6335	国际	P3	3	335K	已交单	第六年	ISO 9000	4	3	第六年第四季
D6337	国际	P3	5	565K	已交单	第六年	—	2	4	第六年第二季

表 8-45　AL3 企业产品研发投资情况

		第一年	第二年	第三年	第四年	第五年	第六年
产品研发	P1						20K
	P2			30K			
	P3	40K					
	P4					33K	22K
	P5					48K	24K
市场开拓	本地	10K					
	区域	10K					
	国内	10K	10K				
	亚洲	10K	10K	10K			
	国际	10K	10K	10K	10K		
ISO资格认证	ISO 9000	10K	10K				
	ISO 14000	10K	10K	10K			

　　从表 8-41 至表 8-45 可以看出,AL3 企业从一开始便一直坚持 P3 路线,在第三年进行 P2 的研发,但仅在第五、第六年生产了少许的 P2,最终在第五、第六年研发 P1、P4、P5,仅是为了增加企业的综合发展潜力,并未发生实际的订单销售,再加之 AL3 企业的生产线主要为半自动线和自动线,很难迅速调整产品的生产结构,对市场需求的波动应对能力十分低下。若前期 P3 竞争激烈,AL3 企业无法获得较好的订单,则极有可能产生较大的亏损,且短期内无法进行战略调整,存在一定的风险。但幸运的是,整个市场对 P3 的需求比较稳定,需求量也很大,这就降低了 AL3 企业因产品单一,生产线不灵活而带来的运营风险。另外,AL3 企业建设了众多的生产线,能够在短时间内生产出大量的 P3。AL3 企业 P3 的高量产出和市场对 P3 的巨大需求,使得 AL3 企业如鱼得水,一举成为大赛的冠军!

8.2.2　AL1 企业

1.整体分析

AL1 企业的比赛成绩在所有企业中居中下等,该企业一开始便主攻 P4 市场。高投入、高风险、高利润的比赛策略,使得该企业在比赛过程中每年的现金流均比较紧张。该企业生产线扩建缓慢,同时犯了订单违约等错误,最终使得该企业在大部分企业中失去竞争力,比赛成绩也事与愿违,但在运营中也有可圈可点之处。

2.利润分析

如表 8-46 所示,该企业除第一年外,从第二年开始虽然每年的年度净利润都为正,但均在 500K 以下,第六年最高也只有 484K,所以该企业的运营收入无法为企业的发展建设提供充沛的资金,极大地限制了企业的发展。好在该企业除第一年外,一直处于盈利之中,虽然每年的年度净利润较少,但也为企业的发展提供了一定的现金流,且维持了所有者权益,也为贷款提供了可能。

表 8-46　AL1 企业 6 年的利润表

年度	第一年	第二年	第三年	第四年	第五年	第六年
销售收入	0	828K	1198K	1764K	2360K	2770K
直接成本	0	330K	480K	720K	960K	1080K
毛利	0	498K	718K	1044K	1400K	1690K
综合费用	258K	255K	330K	458K	575K	563K
折旧前利润	−258K	243K	388K	586K	825K	1127K
折旧	0	0	140K	180K	220K	300K
支付利息前利润	−258K	243K	248K	406K	605K	827K
财务费用	0	0	36K	47K	87K	181K
税前利润	−258K	243K	212K	359K	518K	646K
所得税	0	0	49K	90K	130K	162K
年度净利润	−258K	243K	163K	269K	388K	484K

3.资产负债分析

由于资金不足,AL1 企业的固定资产在前三年几乎没有增长,第四、第五年才略有增加,直到第六年才借助贷款购置和建设了大量的固定资产,企业没有抓住机会适时扩张,因此最终没有获取较大的盈利。好在该企业从第二年开始维持了一定的年度净利润,使得所有者权益每年都有所上升,为企业取得了一定的银行贷款额度。企业借助银行贷款保证了企业的可持续发展,一直走到了最后。

如表 8-47 所示,该企业在前两年都没有进行长期贷款,在第三年才开始进行少部分的长期贷款,大部分均为短期贷款,虽在短期内有较大的还款压力,但相比长期贷款而言,短期贷款支付的利息更少,在保证资金流转不出现问题的前提下,这种做法显然比长期贷款更有优势,可一旦市场竞争激烈遇到订单低于预期,就很有可能造成资金链断裂的风险。

表 8-47　AL1 企业 6 年的资产负债表

年度	第一年	第二年	第三年	第四年	第五年	第六年
现金	242K	103K	239K	306K	10K	335K
应收款	0	828K	898K	888K	1762K	1028K
在制品	0	170K	340K	510K	560K	0
产成品	0	0	0	0	0	210K
原材料	0	0	0	0	0	0
流动资产合计	242K	1101K	1477K	1704K	2332K	1573K
厂房	0	0	0	0	0	1760K
机器设备	0	700K	760K	780K	960K	760K
在建工程	700K	0	0	100K	0	0
固定资产合计	700K	700K	760K	880K	960K	2520K
资产总计	942K	1801K	2237K	2584K	3292K	4093K
长期贷款	0	0	93K	111K	431K	431K
短期贷款	0	616K	796K	856K	856K	1173K
负债合计	0	616K	889K	967K	1287K	1604K
股东资本	1200K	1200K	1200K	1200K	1200K	1200K
利润留存	0	−258K	−15K	148K	417K	805K
年度净利	−258K	243K	163K	269K	388K	484K
所有者权益合计	942K	1185K	1348K	1617K	2005K	2489K
负债和所有者权益总计	942K	1801K	2237K	2584K	3292K	4093K

4. 生产线、产品及订单分析

如表 8-48 所示,该企业以 2 条自动线、2 条柔性线开始,主要在第三、第四年开始铺设半自动线,并以每半年新增两条生产线的速度建设生产线。虽然从扩建角度来说,进度相对较快,但是半自动线生产进度较慢,产能并未得到显著提升。这也是资金不足所限。在资金不足的情况下,AL1 企业能保持这样的状态也算是该企业值得肯定的地方。虽产能提升比较缓慢,但最终也铺满了 16 条生产线,在一定程度上增加了企业的潜力值和最后的总成绩。

表 8-48　AL1 企业生产线数量统计　　　　　　　　　单位:条

生产线类型	年份																				
	第一年		第二年				第三年				第四年				第五年				第六年			
	3季度	4季度	1季度	2季度	3季度	4季度	1季度	2季度	3季度	4季度	1季度	2季度	3季度	4季度	1季度	2季度	3季度	4季度	1季度	2季度	3季度	4季度
半自动线								2	2	4	4	6	6	8	8	8	8	8	8	8	8	10
自动线			2	2	2	2	2	2	2	2	2	2	2	2	2	2	2	2	2	2	2	2
柔性线			2	2	2	2	2	2	2	2	2	2	2	2	2	2	2	2	4	4	4	4
合计			4	4	4	4	4	6	6	8	8	10	10	12	12	12	12	12	14	14	14	16

AL1 企业各年的生产线、订单及产品研发情况,如表 8-49 至表 8-52 所示。

表 8-49　AL1 企业第二、第三年订单情况

订单编号	市场	产品	数量/个	总价	状态	得单年份	ISO要求	交货期/季	账期/季	交货时间
D2026	本地	P3	2	226K	已交单	第二年	—	2	3	第二年第二季
D2039	区域	P4	2	302K	已交单	第二年	—	4	2	第二年第四季
D2036	本地	P4	2	300K	已交单	第二年	—	3	2	第二年第三季
D3091	本地	P4	2	300K	已交单	第三年	—	4	3	第三年第四季
D3095	区域	P4	2	298K	已交单	第三年	ISO 9000	3	2	第三年第三季
D3094	区域	P4	2	300K	已交单	第三年	ISO 9000	2	3	第三年第二季
D3099	国内	P4	2	300K	已交单	第三年	ISO 9000	1	1	第三年第一季

表 8-50　AL1 企业第四、第五年订单情况

订单编号	市场	产品	数量/个	总价	状态	得单年份	ISO要求	交货期/季	账期/季	交货时间
D4164	区域	P4	3	445K	已交单	第四年	—	4	3	第四年第四季
D4168	区域	P4	1	147K	已交单	第四年	ISO 9000	3	2	第四年第三季
D4170	国内	P4	4	580K	已交单	第四年	—	2	2	第四年第二季
D4171	国内	P4	2	296K	已交单	第四年	ISO 9000	2	2	第四年第一季
D4177	亚洲	P4	2	296K	已交单	第四年	ISO 9000, ISO 14000	4	2	第四年第四季

续表

订单编号	市场	产品	数量/个	总价	状态	得单年份	ISO要求	交货期/季	账期/季	交货时间
D5253	国内	P4	4	596K	已交单	第五年	ISO 9000	3	4	第五年第二季
D5254	国内	P4	1	148K	已交单	第五年	—	1	2	第五年第一季
D5266	国际	P4	2	296K	已交单	第五年	ISO 9000	3	2	第五年第三季
D5268	国际	P4	2	292K	已交单	第五年	ISO 14000	4	2	第五年第四季
D5259	亚洲	P4	4	588K	已交单	第五年	ISO 9000	4	1	第五年第四季
D5257	亚洲	P4	3	440K	已交单	第五年	ISO 9000	3	2	第五年第二季

表 8-51　AL1 企业第六年订单情况

订单编号	市场	产品	数量/个	总价	状态	得单年份	ISO要求	交货期/季	账期/季	交货时间
D6341	本地	P4	4	584K	已交单	第六年	ISO 9000	4	1	第六年第四季
D6344	本地	P4	1	148K	已交单	第六年	ISO 9000	2	2	第六年第二季
D6347	国内	P4	4	596K	已交单	第六年	ISO 9000	2	2	第六年第二季
D6349	国内	P4	3	444K	已交单	第六年	ISO 14000	2	4	第六年第二季
D6350	国内	P4	2	292K	违约	第六年	ISO 9000, ISO 14000	1	1	—
D6352	亚洲	P4	2	298K	已交单	第六年	ISO 9000	3	2	第六年第二季
J6019	亚洲	P4	4	240K	已交单	第六年	ISO 9000	4	0	第六年第四季

表 8-52　AL1 企业产品研发投资情况

		第一年	第二年	第三年	第四年	第五年	第六年
产品研发	P1	20K					
	P2						20K
	P3	40K					
	P4	44K	11K				
	P5					12K	48K
市场开拓	本地	10K					
	区域	10K					
	国内	10K	10K				
	亚洲	10K	10K	10K			
	国际	10K	10K	10K	10K		
ISO资格认证	ISO 9000	10K	10K				
	ISO 14000	10K	10K	10K			

从 AL1 企业 6 年的订单情况来看,整体上不是很理想,该企业后期铺设的生产线以半自动线为主,半自动线生产产品的周期较长,而自动线和柔性线又比较少,直接导致产品产能不足,大大降低了企业获取订单和交单的能力。该企业 6 年中每一年获得的订单都比较少,这也是该企业运营收入不高,年度净利润低的直接原因。同时,该企业在第六年还犯了一个致命的错误,一批总价为 292K 的订单违约了,不光损失了 292K 的收入,还损失了 58K 的违约金。

AL1 企业在 6 年的运营中没有研发完成 P2 和 P5,也未获得产品生产资格。这显然也是一个很大的失误,浪费了 80K 资金不说,还在一定程度上损失了很多的分值。因为成功研发一个产品,会为企业增加一定的潜力值,而潜力值又计入总分,所以 P2 和 P5 的研发失败,在一定程度上影响了该企业最后的比赛成绩。

总之,该企业在产品研发和订单违约方面的失误,以及生产线的配置不利,使得该企业很难取得一个很好的比赛成绩。但是,AL1 企业也通过各方面的努力,在操作失误之后,能够沉着应对,坚持到最后,能取得一个中等的成绩也很不错。

8.2.3　AL5 企业

1. 整体分析

AL5 企业主要采取的是 P5 产品的策略,也是一个高投入、高风险、高利润的比赛策略。同样面临着现金流紧张的问题,该企业采用的是稳扎稳打的战略,前四年一直没有进行生产线扩张,充分利用好现金流。AL5 企业第四年在订单方面也出现了较大失误,第六年的所有者权益排名倒数第三,运营分数是参赛小组中最低的。下面从各方面分析该企业的运营情况,找出该企业排名靠后的原因,以期用作前车之鉴,为后来者在沙盘模拟实训中提供一定的参考经验。

2. 利润分析

如表 8-53 所示,该企业在 6 年的运营之中,第一年和第四年的利润为负,只有 4 年是盈利的状态,且盈利的 4 年中利润都相对较低。该企业利润较低,甚至出现负利润的原因主要是销售收入较低。相对于其他企业而言,销售收入常年处于后位,而且该企业的费用支出并没有明显低于其他企业,其中,财务费用一直处于高位,就拿利润为负的第四年来说,销售收入才 702K,但是该年的综合费用有 368K,再加上 69K 的财务费用,这两项支出就超过了总销售收入的 60%,所以在收入较低,支出较高的情况下,利润为负也在情理之中。

表 8-53　AL5 企业各年的利润表

年度	第一年	第二年	第三年	第四年	第五年	第六年
销售收入	0	872K	1208K	702K	1734K	2526K
直接成本	0	350K	490K	280K	700K	980K
毛利	0	522K	718K	422K	1034K	1546K
综合费用	188K	274K	190K	368K	284K	302K
折旧前利润	−188K	248K	528K	54K	750K	1244K

续表

年度	第一年	第二年	第三年	第四年	第五年	第六年
折旧	0	0	140K	140K	140K	200K
支付利息前利润	−188K	248K	388K	−86K	610K	1044K
财务费用	32K	73K	91K	69K	142K	53K
税前利润	−220K	175K	297K	−155K	468K	991K
所得税	0	0	63K	0	117K	248K
年度净利润	−220K	175K	234K	−155K	351K	743K

3.资产负债分析

如表8-54所示,该企业的现金流一直都处于较低水平,但是应收款较为充足,总体上没有遇到太大的问题,能平稳运营,但充足的现金流另一方面也表明该企业并未将现金流充分运用到企业的扩张、生产当中。该企业的固定资产一直处于1000K~1260K,仅在第四年进行了两条自动线的扩建。总体而言,该企业在前四年固定资产排名处于前列,但后期并未继续进行扩张,使其在第五、第六年被其他企业快速赶超,最终的固定资产仅仅是其他企业的一半左右。由此可见,该企业在厂房和生产线上的投入非常少,这极大地影响了该企业的生产产能、市场销售及发展潜力,也影响了该企业最后的比赛得分。虽然该企业所有者权益并非最低,但最终运营分数垫底,跟这方面有密不可分的关系。

表8-54 AL5企业各年的资产负债表

年度	第一年	第二年	第三年	第四年	第五年	第六年
现金	240K	175K	84K	364K	4K	1125K
应收款	0	434K	1008K	352K	693K	512K
在制品	0	70K	210K	210K	315K	315K
产成品	0	70K	0	140K	140K	0
原料	0	50K	0	110K	0	0
流动资产合计	240K	799K	1302K	1176K	1152K	1952K
厂房	440K	440K	440K	440K	440K	880K
生产线	0	700K	560K	420K	580K	380K
在建工程	700K	0	0	300K	0	0
固定资产合计	1140K	1140K	1000K	1160K	1020K	1260K
资产总计	1380K	1939K	2302K	2336K	2172K	3212K
长期贷款	400K	784K	784K	784K	384K	0
短期贷款	0	0	129K	318K	203K	884K
负债合计	400K	784K	913K	1102K	587K	884K
股东资本	1200K	1200K	1200K	1200K	1200K	1200K
利润留存	0	−220K	−45K	189K	34K	385K
年度净利	−220K	175K	234K	−155K	351K	743K
所有者权益合计	980K	1155K	1389K	1234K	1585K	2328K
负债和所有者权益总计	1380K	1939K	2302K	2336K	2172K	3212K

企业要进行各种研发和投资，必须要有资金作保证。该案例中，由于前两年市场狭窄、产品种类较少，各企业销售产品取得的收入也相对较少，在这种情况下，企业要进行无形资产和固定资产投资，扩大产能，就必须想办法筹集资金。在经营过程中，该企业采用的筹资方式主要有三种，即长期贷款、短期贷款和贴现。从表8-54中可以看出，该企业在第一年没有进行短期贷款，反而是进行了长期贷款；第二年由于所有者权益的下降以及第一年的长期贷款之后，该企业的贷款额度下降了，因此，该企业进行了最大额度的长期贷款，并从第三年开始进行长期和短期组合贷款，但是以长期贷款为主。通过贷款，该企业较好地解决了资金的困难。那么，该企业的筹资策略是否科学合理呢？

企业经营，起步阶段是最困难的，面临着资金紧张、市场狭窄、产品单一等问题。企业要解决市场、产品、生产线等投资问题，都需要资金。由竞赛规则可知，长期贷款的期限是5年，如果第一年借入长期贷款，则在第五年年底就要归还本息，这是一笔很大的资金，若到时还不起，企业将会破产。但是，该企业在第一年就借了比较多的长期贷款，因此，该企业在第五年年底就会面临较大的还款压力。此外，该企业第一年结束后现金剩下240K，除去需要投放广告的费用80K，仍有160K冗余的资金没有被利用。若该企业做好现金预算，则第一年的贷款额可最多减少160K，也能节省后期每年的利息，同时，该企业在其他年份也使用了大量的长期贷款，这大大增加了企业每年需要支付的利息，在一定程度上加大了企业的资金压力。除了减少第一年长期贷款额外，该企业也可以选择在第一年进行适当的短期贷款，在第二年以最大限度借入长期贷款的方式进行组合贷款。这样企业既能保证现金流又能节约利息费用，后期又能通过循环借入短期贷款和贴现，解决流动资金不足的问题，基本保证企业的资金需要。所以，该企业的筹资策略还是存在较多问题的，造成了较高的财务费用。

4.生产线、产品及订单分析

AL5企业各年的生产线、订单及产品研发情况，如表8-55至表8-59所示。

表 8-55　AL5 企业生产线数量统计情况　　　　　　单位：条

生产线类型	年份																						
	第一年		第二年				第三年				第四年				第五年				第六年			
	3季度	4季度	1季度	2季度	3季度	4季度	1季度	2季度	3季度	4季度	1季度	2季度	3季度	4季度	1季度	2季度	3季度	4季度	1季度	2季度	3季度	4季度
半自动线			0	0	0	0	0	0	0	0	0	0	0	0	0	0	0	0	0	0	0	0
自动线			2	2	2	2	2	2	2	2	2	2	2	2	4	4	4	4	4	4	4	4
柔性线			2	2	2	2	2	2	2	2	2	2	2	2	2	2	2	2	2	2	2	2
合计			4	4	4	4	4	4	4	4	4	4	4	4	6	6	6	6	6	6	6	6

表 8-56　AL5 企业第二、第三年订单情况

订单编号	市场	产品	数量/个	总价	状态	得单年份	ISO 要求	交货期/季	账期/季	交货时间
D2014	本地	P2	3	264K	已交单	第二年	—	3	1	第二年第三季
D2022	区域	P2	3	260K	已交单	第二年	—	4	3	第二年第四季
D2019	本地	P2	2	174K	已交单	第二年	—	2	2	第二年第二季
D2045	区域	P5	1	174K	已交单	第二年	—	4	2	第二年第四季
D3102	本地	P5	4	692K	已交单	第三年	—	3	2	第三年第三季
D3107	区域	P5	3	516K	已交单	第三年	—	4	3	第三年第四季

表 8-57　AL5 企业第四、第五年订单情况

订单编号	市场	产品	数量/个	总价	状态	得单年份	ISO 要求	交货期/季	账期/季	交货时间
D4183	区域	P5	2	350K	已交单	第四年	ISO 9000	2	2	第四年第一季
D4181	本地	P5	4	700K	违约	第四年	ISO 9000, ISO 14000	3	2	—
D4188	亚洲	P5	2	352K	已交单	第四年	ISO 9000	4	3	第四年第三季
D5271	区域	P5	3	525K	已交单	第五年	ISO 9000	3	2	第五年第一季
D5277	国际	P5	3	516K	已交单	第五年	ISO 9000	3	4	第五年第三季
D5276	亚洲	P5	1	174K	已交单	第五年	ISO 9000	4	2	第五年第四季
D5280	国际	P5	3	519K	已交单	第五年	ISO 9000	2	4	第五年第二季

表 8-58　AL5 企业第六年订单情况

订单编号	市场	产品	数量/个	总价	状态	得单年份	ISO 要求	交货期/季	账期/季	交货时间
D6359	区域	P5	4	692K	已交单	第六年	ISO 9000, ISO 14000	2	2	第六年第二季
D6369	国际	P5	3	512K	已交单	第六年	—	4	2	第六年第三季
D6362	亚洲	P5	4	692K	已交单	第六年	ISO 9000	2	1	第六年第一季
J6017	国内	P5	3	210K	已交单	第六年	ISO 9000, ISO 14000	4	0	第六年第四季

表 8-59　AL5 企业各年产品研发投资情况

		第一年	第二年	第三年	第四年	第五年	第六年
产品研发	P1						
	P2	30K					
	P3						
	P4						
	P5	36K	36K				
市场开拓	本地	10K					
	区域	10K					
	国内	10K	10K				
	亚洲	10K	10K	10K			
	国际	10K	10K	10K	10K		
ISO 资格认证	ISO 9000	10K	10K				
	ISO 14000	10K	10K	10K			

如表 8-55 所示，AL5 企业从第二年建成 2 条自动线和 2 条柔性线之后，直至第五年才增加了 2 条自动线，此后便没有再扩建过任何生产线，所以该企业最终的生产线只有 6 条。生产线的不足，必定会使得产品的产量不高，在产量不高的情况下，根本无法获取大量的订单，这相当于从源头上减少了企业的资金来源，从根本上限制了企业的发展。由此可见，该企业之所以排名靠后，是因为在生产线上出了大问题。一个企业想要取得长足的发展，必须在生产线上有大量的投入，提高产量，这才有可能在激烈的市场竞争中站稳脚跟，赢得市场。

因为生产线的不足，如表 8-56 至表 8-58 所示，AL5 企业的订单量一直都很少，这决定了该企业不可能有充足的资金去支持企业的建设和发展。同时，该企业在第四年的时候也犯了一个致命的错误，一单 700K 的订单违约了，造成该年的所有者权益下降，无法在下一年进行贷款，同时该年又加大投资进行了生产线的安装，该企业的现金流就面临着较大的问题。

另外，如表 8-59 所示，该企业主要生产销售 P2 和 P5。第一年投入 30K 研发 P2，在第一年和第二年合计投入 72K 研发 P5。但是，该企业自始至终都没有研发 P1、P3 和 P4，这也影响了该企业的发展潜力和最后的比赛总分。生产线的不足，订单量少及订单的违约等问题，直接导致该企业在本次比赛中处于运营的最后一位。

通过对三个企业的运营结果进行分析，我们可以发现他们的产品策略、融资策略、生产策略都存在着较大的不同，但是要注意的一点是，产品策略不是绝对的，如本次比赛的第一名 AL3 企业选择的是利润最高的 P3，这是存在一定偶然性的，因为 P3 本次的竞争并不激烈，但是运营成功的融资策略、生产策略是值得大家学习的，长期贷款和短期贷款的结合、适当的扩张，都需要大家对市场和企业运营情况的准确认知和预判，从而适时做出运营决策，充分利用企业的各类资源，发挥最大价值。

前辈有话说

教你如何从"职场小白"逆袭成"企业大亨"

一、入门级

1.做到每周最少1场比赛,参赛人数不少于15人。

2.每场比赛能够做到前三年不破产。

3.参赛人员能够掌握每场比赛长短期的借贷方式以及生产线和产品的优劣势。

4.每场比赛的财务报表零失误,意味着不管你遇到什么难题都需要留出充足的时间填写报表。

5.听从老师的安排指示,参赛人员不错过任何一次训练的机会。

能做到以上5点的同学,恭喜你,你已经有资格参加省赛了,但这并不代表你可以得奖,只能说你做到并掌握了以上5点,就算输也不至于输得太惨。

二、大师级

1.每打完一场比赛都要去学习研究第一名以及黑马选手所用的思路战法,从财务报表中一步步分析对方的发展思路。

2.每场比赛都能做到不破产。

3.参赛人员能够熟练运用Excel表(在15分钟内)制作出比赛相关的财务报表。参赛人员在10分钟内制作出市场产品预测表中各个产品每年的需求量以及利润变动的数据统计图。

4.每场比赛开始时必须做好前三年的布局规划以及前两年的预算信息,并做到预算精准。

5.严格要求自己,遵守入门级的要求。

三、大神级

1.每打完一场比赛不论名次,都要花1~2小时甚至更长的时间去复盘自己的比赛,通过Word文档记录下自己每年的发展思路以及操作过程中的亮点与失误。

2.总经理要善于调节组员间的关系,并且具有高度的责任感和使命感,临危不乱的"领袖"精神。

3.比赛过程中每一年的预算做到精细控制,并且做到在未来的产品销售毛利中规划出

视频 教你如何从"职场小白"逆袭成"企业大亨"

相应的广告投放额。

4. 比赛规则至少看 3 遍，在开始比赛前 1 小时内做出至少 3 套产品预算方案，每年截止运营时间前至少留出 15 分钟的时间填写财务报表。

——王麟辅

沙圈江湖

如果把沙圈当作一个江湖的话，那么在你满怀热情刚接触沙盘时，这个江湖已经有许多的传奇故事。看着万人称道的"大神"，听着他们孜孜不倦、勤奋练习的各种事迹，佩服他们谨小慎微的进行操盘的同时，还胆大心细的分析对手，你感慨他们对新人的知无不言、言无不尽，你仰望着他们，毫不吝啬自己的赞许，但自己对未知的沙盘世界跃跃欲试，在内心告诉自己，我也不差！相信只要你付出汗水，夜以继日地刻苦练习，最终将会一步一步走向巅峰，让整个沙圈江湖看到你的身影，听到你的声音，然后你将成为后继者口中的"大神"，延续着沙盘的传承。在沙圈这个江湖里时刻都有许多新星闪耀，也会有很多前辈归隐，没有什么是永恒不变的。我很开心有越来越多的人愿意走进这个世界，加入这个江湖，所以你准备好了吗？

——大雨学长

我眼中的沙盘

刚进大学就从学长学姐那里听说了学校有 ERP 沙盘模拟竞赛，我对这个竞赛非常感兴趣，很好奇如何以沙盘的形式去展现一个企业的运营。于是从大一开始，我就一直在研究 ERP 沙盘，参加了几届省赛，获得了还不错的成绩。

对于 ERP 沙盘来说，其实基础的操作是很简单的，只要了解过规则后，上手就很快，但是想要做得好还是需要花些时间的，只有针对细微的规则进行深入研究，才能利用同样的初始金额去赚取最大的利润。前期很多细节的操作可能会形成蝴蝶效应对最后的结果造成影响。当然，我觉得整个 ERP 沙盘几年的操作还是更加考验大家的大局观，考验大家对于市场规则的了解以及数据分析。虽然 ERP 沙盘可能会有一些大家熟知的套路，但大家不要迷信这些，每一次的沙盘规则都会有细微的不同，大家可以多多尝试不同的方案，可能会带来奇效。ERP 沙盘的市场规则以及数据分析是很重要的，大家在分析市场规则的同时，也要对自己的竞争对手进行数据分析，压制了对手也相当于让自己更进一步。现在有越来越多的人开始学习了解 ERP 沙盘，大家也不用妄自菲薄，只要花了时间去学习、去了解，对于沙盘的理解足够深，那大家都是可以独当一面的，保持自己的自信出发吧，加油！

——戴家健

169

沙盘：团队＋心态

　　我参加了第一届的省级 ERP 沙盘模拟竞赛，当时获得了省级三等奖，在这之后我也参加了很多的校赛、省赛，整个大学四年都在做沙盘，对于沙盘这一块其实我有两点比较想提：第一个就是团队精神。团队合作是很重要的一个制胜点。平常的训练当中，大家有很多思想方面的碰撞，其实都是很正常的，经验的交流特别重要，大家往往会有很多的想法，但是到了比赛的时候一定要做好团队分工，要选好组长，他一定要有主导权，作为队友要相信他，不能在比赛的时候起争执！如果一个团队在比赛的时候起争执，那么肯定拿不到好的分数。第二个就是心态要放好。不管做事也好、做人也好，尤其在比赛当中，心态一定要放好，不能因为你开局没有抢到一个好单，然后走得相对艰难一点的时候，你就放弃了。其实往往很多时候能真正走完六年的组是不多的，大家只要能走到第六年，获奖的概率就是很高的。很多人往往觉得自己不太行，尤其是在所有者权益将为负数的时候，就在前几年选择了破产，其实大可不必。因为你觉得不行的时候，其他组也不一定行，谁能撑到最后，市场就属于谁，破产的组越来越多，市场份额会越来越大，剩下的组就可以更好的施展，所以最后都有逆风翻盘的希望！

　　最后，希望大家能做好团队合作决策、保持良好心态，祝大家在比赛中取得好成绩！

——施文裕

视频 沙盘：
团队＋心态

课堂小趣事

　　在一次课程对抗赛中，我们小组前期一直保持领先地位，因未及时扩大产能，而在第四、第五年时被反超，关键就在于第三年的竞拍会，对手放弃订货会以 3 倍价格竞拍获得订单，补充了大量的现金流进行产能扩张。我们组与对手主打的产品不同，没有在订货会上直接进行交锋，但在第六年，我们发现对手没有出现在订货会上选单，得知他们打算故技重施，寄希望于竞拍会。因此，我们就对他们进行"狙击"，每次以低于 3 倍价格竞拍获得该订单，虽然这超出了我们的产能，但我们可以进行紧急采购交单，每单损失较小。对手没有足够的订单，产品大量积压，导致第六年利润大幅下降，而我们却能保持足够的利润，最终反超得到了第一名。这次的胜利让我们非常高兴，也让我们反思，市场广告策略不可过于偏颇，风险过高。

——王忠盛

视频 课堂小
趣事

教师寄语

我从事沙盘模拟教学 15 余年,被沙盘的对抗性及趣味性深深吸引,从最初的沙盘参与者到各类沙盘的设计者,一路走来,有过欣喜、困惑和感动,充满了辛劳的汗水和感人的泪水。蓦然回首,青葱岁月似水流年,化为一幕幕美好而珍贵的回忆镌刻在内心深处。

视频 教师寄语1

如果说兴趣是一种动力,那这么多年我见识了很多学生从大一到大四一直坚持做沙盘,学习相关知识从 ERP 沙盘模拟的规则到企业运营流程,从资金管理到财务分析,从营销策略到经营策略,从团队管理到商业分析等。很多学生把这门实践课程融入大学生活甚至自己的生命当中,从沙盘课程中的各种决策中不断反思、感悟及提升,并不断激励与启发自己的大学生活。在这些学生身上,我感知到一种人生的态度。

《ERP 沙盘模拟实训教程》为浙江省新形态教材,通过视频、音频等数字资源来全面展现 ERP 沙盘模拟这门课程的全貌。书中不仅保留了基本的模拟规则、软件操作、经营策略及技巧,还对沙盘实战进行了详细分析,并收集了一些沙盘前辈的感悟。希望本书能启发您对 ERP 沙盘的兴趣,并带给您更多的收获!

——蒋定福

沙盘是一场没有硝烟的战争,你们将在这场"战争"中挥洒汗水、凝聚团队智慧,追逐最终的胜利。打沙盘是痛苦且快乐的经历,首先,你需要保持对沙盘的兴趣;其次,你要有毅力坚持钻研、付出足够多的努力,并且要勇于进行挑战;最后,你将收获志同道合的朋友、可敬可佩的竞争对手以及更好的自己。沙盘将是值得你安放灿烂青春的地方!

视频 教师寄语2

——刘 蕾

参考文献

[1]陈启申.ERP:从内部集成起步[M].2 版.北京:电子工业出版社,2005.

[2]陈庄.ERP 原理与应用教程[M].北京:电子工业出版社,2003.

[3]何晓岚,钟小燕,刘兆军.ERP 沙盘模拟指导教程[M].北京:清华大学出版社,2016.

[4]蒋定福,刘蕾,张细香.ERP 沙盘模拟实训教程[M].2 版.北京:首都经济贸易大学出版社,2017.

[5]蒋定福,余京梅.ERP 沙盘模拟实训教程[M].北京:首都经济贸易大学出版社,2013.

[6]李赫轩.ERP 沙盘模拟创业经营[M].广州:华南理工大学出版社,2019.

[7]林健,张玲玲.ERP 的未来发展趋势研究[J].系统工程理论与实践,2002(4):69-74.

[8]刘翔,施文.ERP 原理与应用[M].北京:清华大学出版社,2011.

[9]孙成志,刘明霞.企业生产管理[M].大连:东北财经大学出版社,2009.

[10]王新玲,郑文昭,马雪文.ERP 沙盘模拟高级指导教程[M].北京:清华大学出版社,2014.

[11]邬媛.国有企业生命周期探究[J].中国市场,2019(18):72-73.

[12]夏远强,叶剑明.企业管理 ERP 沙盘模拟教程[M].北京:电子工业出版社,2007.

[13]谢丹,贾利娜.ERP 沙盘模拟实训教程[M].北京:科学出版社,2018.

[14]叶剑明.ERP 沙盘模拟实战[M].北京:中国财政经济出版社,2011.

[15]张后启.ERP 系统的概念及其管理思想[J].管理评论,1999(1):58-59.

[16]张婷.基于企业生命周期的财务战略研究[J].山西农经,2019(13):138-139.

[17]张永武,崔立升.ERP 沙盘模拟经营实训教程[M].北京:北京交通大学出版社,2015.

[18]赵国志.企业财务总监应具备的能力[J].冶金财会,2012,31(9):46-47.

[19]周菁.ERP 沙盘模拟教程[M].北京:北京大学出版社,2013.